Papierservietten falten

Ellen Reinek

Papier-servietten falten

40 pfiffige Ideen
für jeden Anlaß

MIDENA

Inhalt

Vorwort

Gastlichkeit und Tischkultur stehen so hoch im Kurs wie schon lange nicht mehr. Ob die Nachbarn auf einen Dämmerschoppen mit kleinem Imbiß vorbeischauen oder ein runder Geburtstag zu feiern ist, ob bei einem Abendessen mit Freunden Urlaubserinnerungen aufgefrischt werden oder die Verwandtschaft das jüngste Familienmitglied begrüßt – für jeden Anlaß soll der Tisch einfallsreich und individuell gestaltet werden. Doch wer kann schon aus einem üppigen Sortiment an Porzellan, Glas und Tischwäsche auswählen! Die Lösung: Papierservietten! Sie machen es möglich, mit ein und demselben Geschirr einmal eine festliche Tafel, ein andermal ein rustikales Buffet oder aber einen farbenfrohen Tisch für eine sommerliche Party zu decken.

Die schier unerschöpfliche Auswahl an Einwegservietten unterschiedlichster Dessins und Farben inspiriert zu immer neuen Tischdekorationen. Wählen Sie nach Lust und Laune heute ein zartes Blumenmuster, morgen Servietten mit poppigem Dessin in leuchtenden Farben und nächste Woche welche mit modischem Kuhfleckendekor. Mit einem kleinen Vorrat sind Sie für jede Fete gerüstet. Besonders effektvoll wirken die Servietten natürlich, wenn sie pfiffig gefaltet präsentiert werden. Wie man sie am besten in Form bringt, sehen Sie in diesem Buch. Alle Faltungen sind so unkompliziert, daß Sie auch bei einem spontan organisierten Essen mit Freunden im Handumdrehen die Servietten für einen ganzen Tisch vorbereiten können. So bleibt Ihnen genügend Zeit für die übrige Dekoration und das Menü.

Ich wünsche Ihnen viele gelungene Feste!

Ellen Reinek

Papierservietten passen immer

Nur keine Umstände!

Auf einem perfekt gedeckten Tisch dürfen Servietten nicht fehlen. Früher mußten es sogar Stoffservietten sein. Heutzutage sind auch bei festlichen Anlässen Papierservietten nicht mehr tabu. Wer hat schon stapelweise Stoffservietten für eine größere Gesellschaft im Schrank oder die Zeit zum Stärken und Bügeln? Zudem ist die Auswahl an Papierservietten in unterschiedlichen Größen und Qualitäten, Farben und Mustern so groß, daß sich wirklich für jede Gelegenheit das Richtige findet. Ob Sie vier oder vierzig Gäste erwarten: Mit Papierservietten sind Sie ohne große Investition jeder Zahl gewachsen. Sie müssen sich nicht wie bei den noblen Stoffservietten auf Jahre und Jahrzehnte hinaus auf eine Farbe und ein Dessin festlegen, sondern können dem geplanten Fest und Ihrer eigenen Stimmung entsprechend romantische oder lustige, zartfarbige oder kräftig bunte Servietten auswählen. Und nicht zuletzt sparen Sie sich die Arbeit des Waschens und Bügelns.

Tissue, Vlies oder Japanseide?

Papierserviette ist nicht gleich Papierserviette. Die einfachsten sind *einlagig*. Sie werden meist in Großpackungen verkauft, wirken billig und eignen sich kaum für anspruchsvollere Faltungen. Überlassen wir sie also getrost den Imbißständen und Schnellrestaurants.

Am häufigsten verwendet werden *mehrlagige Tissue-Servietten*, die in einer schier unerschöpflichen Auswahl an Farben und Mustern in Kaufhäusern, Fachgeschäften für Haushaltswaren, Schreibwarenläden, Drogeriemärkten,

Eine Farbstellung und acht verschiedene Servietten: Auch wenn Sie farblich festgelegt sind, haben Sie die Wahl zwischen kleineren und größeren Servietten, solchen aus Tissue, Vlies oder Japanseide.

Geschenkeshops, ja sogar in Möbelhäusern und Buchhandlungen zu finden sind. Am gebräuchlichsten ist das Format 33 x 33 cm, es gibt aber auch kleinere Servietten mit einer Größe von 25 x 25 cm und größere mit 40 cm im Quadrat. Für dekorative Faltungen sollten die Servietten mindestens 33 cm Seitenlänge haben.
In einer Packung finden Sie meist 20 Servietten, jeweils vierlagig zusammengelegt. Für viele Faltfiguren können Sie die Servietten gleich so weiterverwenden, bei anderen dienen Ihnen die Knicke als Orientierungshilfen beim Falten.
Leider sind gemusterte Tissueservietten im allgemeinen nur auf einer Seite bedruckt, während die andere weiß ist. Das kann beim Falten Probleme verursachen, denn bei vielen Figuren ist sowohl die Vorder- als auch die Rückseite der Serviette zu sehen. In solchen Fällen müssen Sie sich entscheiden: Entweder Sie wählen eine andere Faltung, oder Sie verwenden einfarbige Servietten, die fast immer durchgefärbt sind (siehe zum Beispiel Figur *Rhomben*, Seite 62).
Besonders edel wirken *Servietten aus Vlies*, hochveredeltem Zellstoff, der fast wie Leinen wirkt (zum Beispiel „Dunilin®"). Sie sind meistens 40 x 40 cm groß, erheblich teurer und – obwohl sie nur aus einer Lage bestehen – steifer als Tissueservietten. Gerade bei großen Festen stellen sie eine ausgezeichnete Alternative zu Stoffservietten dar. Servietten aus Vlies eignen sich aufgrund ihrer Steifigkeit nicht für alle Faltungen, da das Material die Kniffe nicht gut hält. Ich habe für die Figur *Untersetzer* (Seite 72) eine Vlies-Serviette in kräftigem Orange verwendet.
Eher zur Zierde als zum Gebrauch dienen *Servietten aus Japanseide*, transparente, meist runde Tüchlein, oft mit einem Bogen- oder Zackenrand verziert. Für ein Festmenü sind diese Servietten völlig ungeeignet, eine Kaffeetafel hingegen schmücken sie ausgesprochen hübsch. Freunde ausgefallener Faltfiguren werden nicht viel damit anfangen können, aber einige wenige Faltungen sehen mit Japanseide-Servietten hinreißend aus (*Bouquet*, Seite 36; *Seidenfalter*, Seite 94).

Der richtige Kniff

Um die Serviettenfiguren in diesem Buch nachzufalten, brauchen Sie keinerlei Vorkenntnisse. Folgen Sie einfach den Schritt-für-Schritt-Anleitungen, die durch Zeichnungen illustriert sind. Wichtig ist zunächst, ob Sie die Serviette ausbreiten oder vierlagig gefaltet verwenden, so wie sie aus der Packung kommt. Beim Falten gibt es zwei Möglichkeiten: Der Knick weist entweder zum Betrachter hin (Bergfalte) oder von ihm weg (Talfalte). In den Zeichnungen sind die beiden Faltentypen durch gestrichelte oder gepunktete Linien dargestellt:

----	Bergfalte
....	Talfalte

Musterhaft gefaltet

Wer Papierservietten falten möchte, muß schon bei der Auswahl auf ein passendes

Muster achten. Die Faltfigur soll klar erkennbar sein und durch die Farben und das Dessin der Serviette noch unterstrichen werden. Am vielseitigsten und einfachsten lassen sich kleingemusterte Servietten verwenden. Experimentieren Sie aber ruhig auch mit abstrakt gestalteten Exemplaren in kräftigen Farben, die auch ganz schlichten Faltungen Pfiff verleihen (*Mütze*, Seite 92). Manchmal scheinen Serviette und Faltfigur auch geradezu füreinander geschaffen zu sein: Beim *Kreuz* (Seite 56) taucht der breite orangefarbene Rand der Serviette plötzlich in den Kreuzbalken auf, während die Mitte kariert ist. Doch hüten Sie sich vor großformatigen Motiven auf der Serviette! Sie gehen in der Faltfigur unter, sind nicht mehr zu erkennen und verwirren den Betrachter nur (siehe Foto unten). Die großen Motive wirken am besten, wenn sie völlig ungefaltet auf einen Teller gelegt werden.

Sauber bleiben!

Wenn Servietten nicht ausschließlich der Dekoration dienen, sondern als Mundtuch und zum Schutz der Kleidung verwendet werden sollen, müssen sie appetitlich aussehen. Das klingt selbstverständlich, ist es aber nicht: Gerade Papierservietten nehmen allzu umständliche Faltfiguren übel und sehen leicht zerfleddert und schmuddelig aus. Eine ganze Reihe von Faltungen, die sich mit Stoffservietten realisieren lassen, scheidet für Papierservietten schon aus diesem Grund aus. In diesem Buch finden Sie deshalb einfache Figuren, die mit wenigen Handgriffen fertig sind, so daß das Ergebnis noch frisch wirkt. Daß beim Serviettenfalten (oder -brechen, wie der Fachausdruck heißt) eine saubere Unterlage Pflicht ist, versteht sich von selbst. Streichen Sie beim Falten aber auch nicht zu oft über die Knicke, son-

Servietten mit großen Motiven eignen sich nicht für Faltfiguren: Das Bärenporträt zum Beispiel ist im Fächer nicht mehr zu erkennen.

Kunststoff oder Holz, Metall oder Porzellan: Serviettenringe gibt es in vielen Materialien und zahllosen Formen zu kaufen.

dern pressen Sie die Serviette statt dessen lieber. So vermeiden Sie, daß sich die einzelnen Lagen voneinander trennen und Eselsohren entstehen. Auf das Bügeleisen müssen Sie ebenfalls verzichten, denn auch unter Hitzeeinwirkung lösen sich die Papierservietten leicht auf.

Faltenlos schön

Wer häufig Papierservietten verwendet, wird sie nicht immer falten wollen. Doch einfach die Packung auf den Tisch zu legen, wäre gar zu stillos. Schöner präsentieren Sie Ihre Servietten in einem passenden Ständer aus Metall, Holz oder Kunststoff oder in einer originellen, versilberten Tüte, in der die Servietten für eine Tischgesellschaft Platz finden. Ein Serviettenhalter aus Holz oder Plexiglas, der ein ganzes Päckchen aufnimmt und in dem die Servietten mit einem Rundholzstab oder einem Gewicht beschwert werden, eignet sich besonders gut, um die Servietten auf einem Buffet – auch im Freien – bereitzuhalten.

Ringe für jeden Geschmack

Serviettenringe können Ihnen ebenfalls die Arbeit des Faltens ersparen und trotzdem zur Tischdekoration beitragen. Die Auswahl ist fast so groß wie die an Papierservietten. Sie wird noch größer, wenn Sie die Augen offenhalten und geeignete Gegenstände zweckentfremden, etwa das Herz (siehe Foto), das eigentlich an einem Stab in einen Blumentopf gesteckt werden sollte.
Ob Kunststoff oder Metall, Holz, Porzellan oder Keramik: Serviettenringe gibt es aus ganz unterschiedlichen Materialien. Ihr Geschmack entscheidet.
Sie finden trotzdem „Ihre" Serviettenringe nicht? Nun, dann machen Sie sich doch einfach selbst welche. Anregungen dafür finden Sie im Kapitel „Ring frei" ab Seite 10.

I Ring frei!

Ein dekorativer Ring hält die Serviette nicht nur zusammen, sondern schmückt sie zusätzlich. Sie kann einfach zusammengerollt in den Ring gesteckt oder mit einigen Handgriffen hübsch in Form gebracht werden. Und wer seinen Tisch ganz individuell decken möchte, gestaltet die schönsten Serviettenringe selbst.

Schleife

Die Serviette wird hier durch einen traditionsreichen Knoten, den „Türkischen Bund“, zusammengehalten. Dafür brauchen Sie etwas Zeit. Die Serviette ist dann aber in einer Minute fertig gefaltet.

1 Breiten Sie die Serviette aus. Die unbedruckte Seite liegt oben.

2 Falten Sie die linke Hälfte auf die rechte.

3 Nun legen Sie die Serviette von der Unterkante her ziehharmonikaartig in Falten.

4 Ziehen Sie den Ring über die gefaltete Serviette und schieben Sie ihn bis zur Mitte.

5 Fächern Sie die Serviette an beiden Seiten auf.

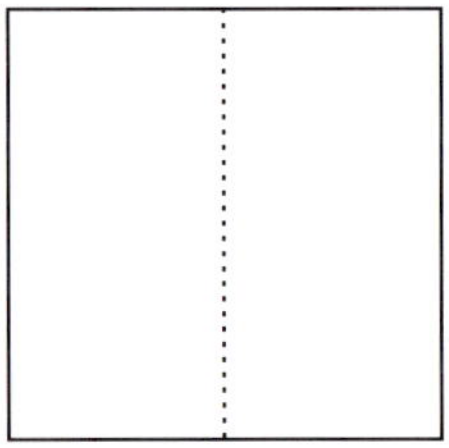
1

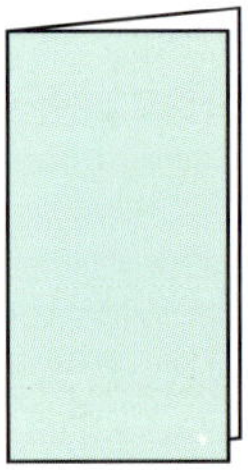
2

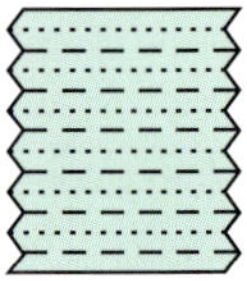
3

4

5

Serviettenring: Türkischer Bund

Material

200 cm Kordel, türkisfarben, Ø ca. 5 mm; Pappröhre; Heißkleber

1 Legen Sie die Kordel wie gezeigt um die Hand oder eine Pappröhre.

2 Führen Sie das obere Ende wie gezeigt nach links unten. Diesen Schritt arbeiten Sie am besten„freihändig“, ohne Röhre.

3 Jetzt legen Sie den Ring um eine Pappröhre und arbeiten mit dem Kordel-Ende weiter, das nach links unten hängt (*).

4 Führen Sie das linke untere Ende parallel zur bereits vorhandenen Lage des ersten Umlaufs noch einmal rundherum. Beide Kordel-Enden sichern Sie im Inneren des Ringes mit Heißkleber.

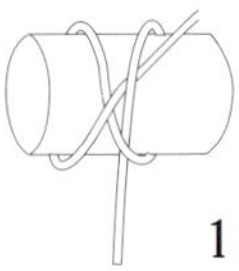
1

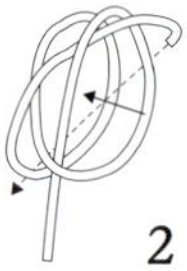
2

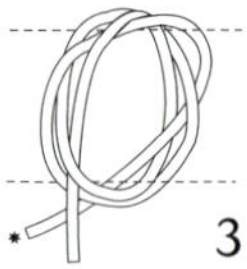
3

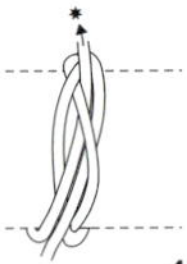
4

Doppelspitze

Eine Idee für ein romantisches Essen zu zweit. Den Serviettenring schmückt eine künstliche Rose, und auf dem Tisch sind kleine rote Herzen verteilt.

1 Breiten Sie die Serviette aus. Die unbedruckte Seite liegt oben.

2 Schlagen Sie die untere Hälfte nach oben.

3 Falten Sie die linke und die rechte untere Ecke zur oberen Mitte. Dann legen Sie die rechte obere Ecke nach links oben neben die linke obere Spitze (* auf *).

4 Falten Sie das rechte Drittel der Serviette nach hinten (siehe gestrichelte Linie).

5 Binden Sie die Schleife locker um die fertig gefaltete Serviette.

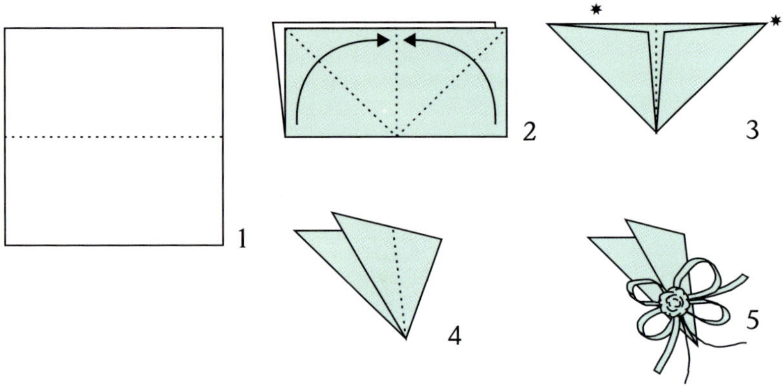

Serviettenring: Rosenschleife

Material

150 cm Band, rot-weiß kariert, ca. 3,5 cm breit, mit Drahteinlage in den Kanten;
100 cm Kordel, rot, Ø ca. 2 mm;
1 künstliche Rose;
Heißkleber

1 Legen Sie das karierte Band zu vier Schlaufen und binden Sie es in der Mitte mit der Kordel ab.

2 Dann bringen Sie die Schleife in Form und befestigen die Rose mit Heißkleber in der Mitte. Mit der Kordel binden Sie die fertige Schleife um die Serviette.

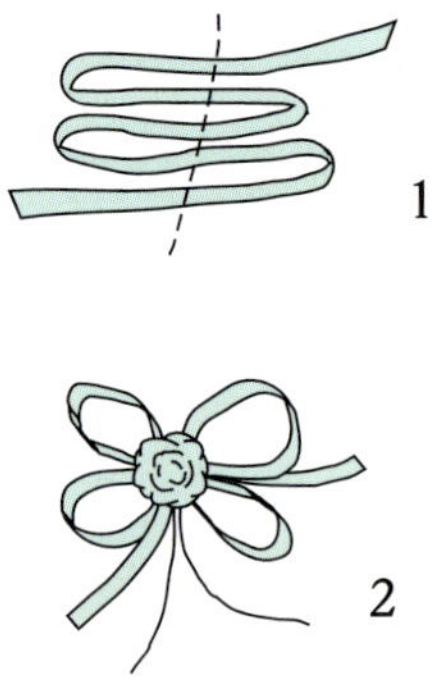

Spitzrolle

Servietten, Band und Fähnchen in Gelb und Blau und Kerzenhalter in Elchform schmücken den Tisch für einen schwedischen Abend. Skål!

Für die zweifarbige Spitzrolle brauchen Sie jeweils eine 33 x 33 cm große blaue und eine 25 x 25 cm große gelbe Serviette. Verwenden Sie beide Servietten vierlagig gefaltet, wie sie aus der Packung kommen.

1 Legen Sie die gelbe Serviette mit der geschlossenen Ecke auf die geschlossene Ecke der blauen Serviette und drehen Sie beide zusammen um.

2 Nun rollen Sie beide Servietten zusammen von der geschlossenen Ecke her auf.

3 Binden Sie ca. 100 cm blau-gelb gestreiftes Band (ca. 15 mm breit) um die Mitte der Rolle zur Schleife und stecken Sie zwei Papierfähnchen in den schwedischen Farben in den Knoten.

Mein Tip

Selbstverständlich lassen sich auf die gleiche Weise auch Servietten zu anderen Länderthemen gestalten. Für einen italienischen Abend verwenden Sie beispielsweise eine weiße und eine grüne Serviette, die Sie mit einem roten Band abbinden. Oder kombinieren Sie von Gast zu Gast unterschiedlich: weiße und rote Serviette mit grünem Band, rote und grüne Serviette mit weißem Band …

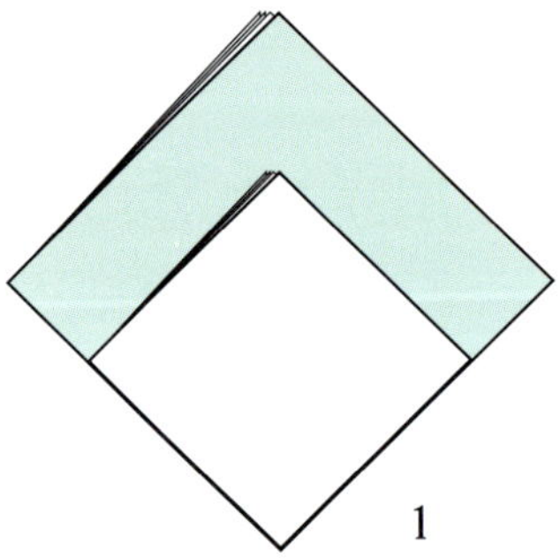

1

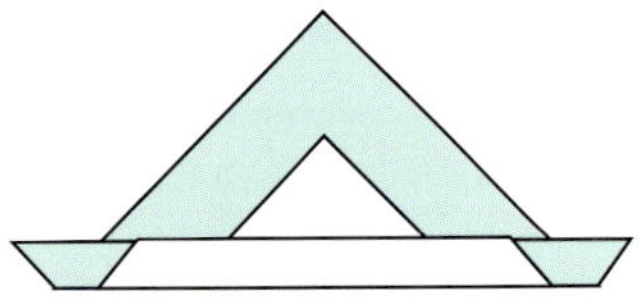

2

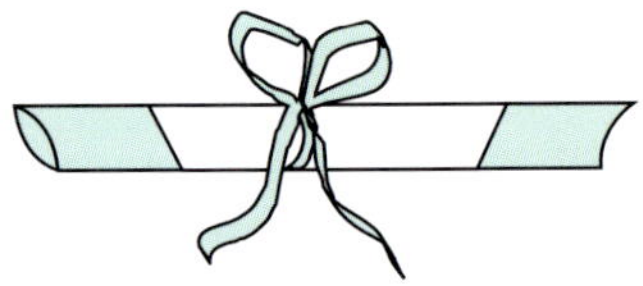

3

Diagonalfächer

Hier lieferte das Muster der Servietten die Idee für Ringe und Dekoration: Knöpfe, auf Chenilledraht aufgezogen, halten die Servietten zusammen, und auch auf dem Tisch sind einige Knöpfe verstreut.

1 Verwenden Sie die Serviette vierlagig, wie sie aus der Packung kommt. Legen Sie die Serviette in ziehharmonikaartige Falten, die sich in der geschlossenen Ecke treffen.

2 Drücken sie die Falten in der geschlossenen Ecke zur Spitze zusammen und ziehen Sie den Serviettenring darüber.

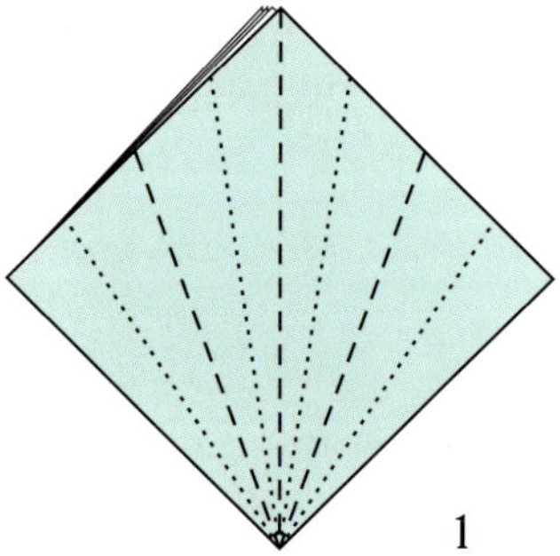
1

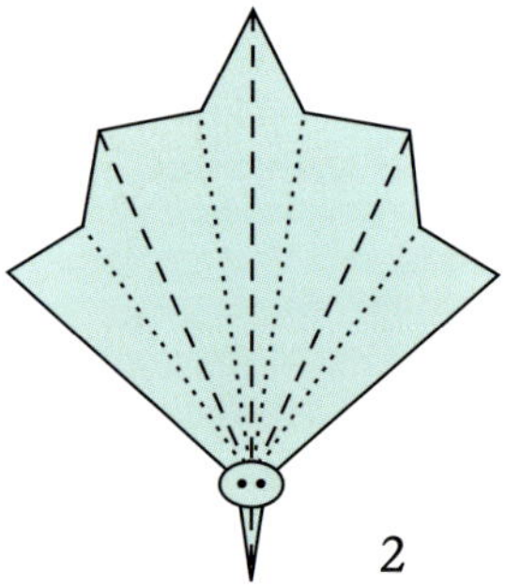
2

Serviettenring

Material

1 großer Knopf (2 Löcher); 6 – 8 cm Chenilledraht („Pfeifenputzer“)

Ziehen Sie den Knopf auf die Mitte des Chenilledrahtstückes auf und biegen Sie den Draht rund um die Serviette.

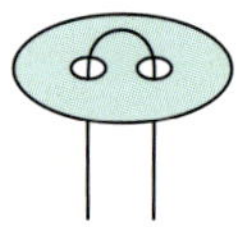

Rolle

Die Rolle stellt wohl die einfachste Faltung für den Serviettenring dar. Hier wird sie durch einen Ring aus einer Efeuranke zusammengehalten.

1 Verwenden Sie die Serviette vierlagig, wie sie aus der Packung kommt.

2 Rollen Sie das Quadrat von der geschlossenen Seite her locker auf und schieben Sie einen Ring aus einer Efeuranke darüber.

1

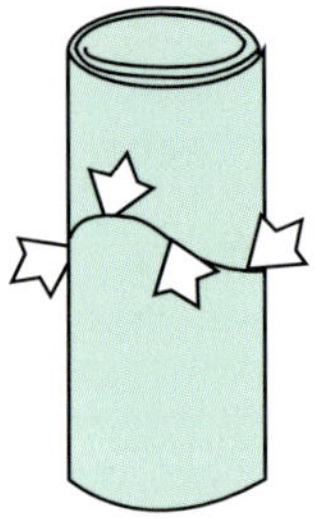

2

Mein Tip

So dekorativ die Früchte des Efeus auch aussehen: Verwenden Sie keine Ranken mit den dunklen Beeren daran für die Serviettenringe, denn Efeufrüchte sind giftig!

Serviettenring

Material

Efeuranke, ca. 15 cm lang

Suchen Sie schöne Efeuranken aus, die Sie sorgfältig waschen und trockentupfen. Legen Sie eine Efeuranke zum Ring und wickeln Sie das eine Ende vorsichtig um das andere.

Ananas

Eine Dekorationsidee für ein exotisches Essen. Vielleicht finden Sie ja auch gelbe Servietten mit grünem Rand, so daß Ihre Ananas einen grünen Blätterschopf bekommt.

1 Breiten Sie die Serviette aus. Die unbedruckte Seite liegt oben.

2 Falten Sie die untere Hälfte nach oben.

3 Vom Bruch ausgehend legen Sie nun die Serviette in ziehharmonikaartige Falten.

4 Das entstandene „Band" legen Sie in der Mitte zusammen.

5 Binden Sie das obere Drittel der Serviette mit Bast ab und formen Sie die Ananas aus.

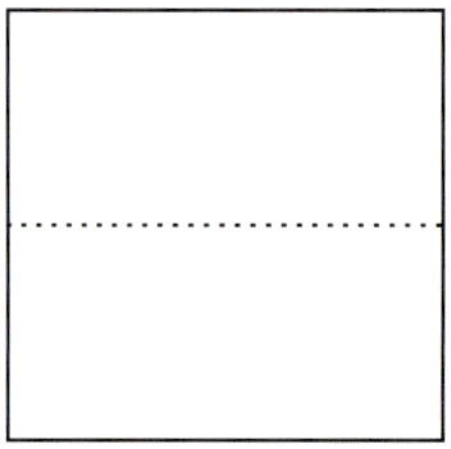
1

2

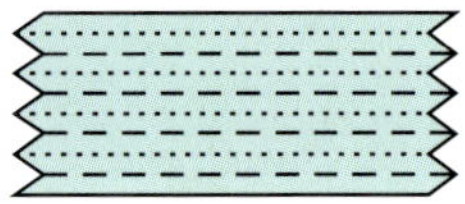
3

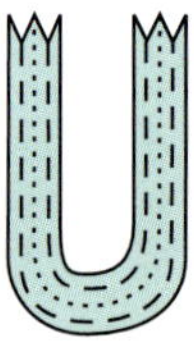
4

5

Pfeilspitzen

Diese Faltfigur ist eine der wenigen stehenden Serviettenformen im Ring. Und noch eine Besonderheit: Das attraktive Streifenmuster entsteht dadurch, daß die weiße Rückseite der Serviette ausnahmsweise zu sehen ist.

1 Verwenden Sie die Serviette vierlagig gefaltet, wie sie aus der Packung kommt. Die offene Ecke zeigt zu Ihnen.

2 Nun fassen Sie die untere Ecke der obersten Lage und falten sie knapp unter der Mittellinie so nach oben, daß oberhalb ein Streifen der darunterliegenden Lage zu sehen ist.

3 Die nächste Lage falten Sie so nach oben, daß wieder ein Streifen der vorhergehenden sichtbar bleibt.

4 Genauso verfahren Sie mit der vorletzten und ...

5 ... mit der letzten Lage, so daß ein zweifarbiges Zackenmuster entsteht.

6 Stecken Sie die rechte und die linke Ecke hinten zusammen und stellen Sie die fertige Serviette in einen breiten Ring.

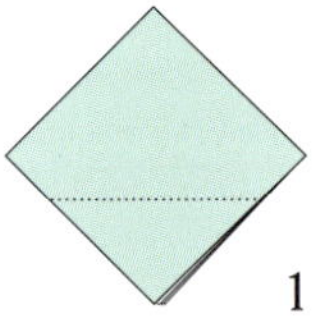
1

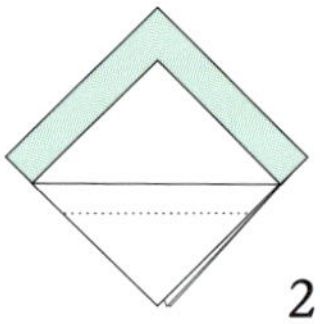
2

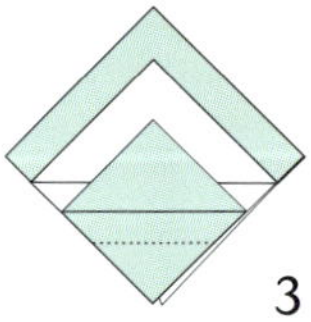
3

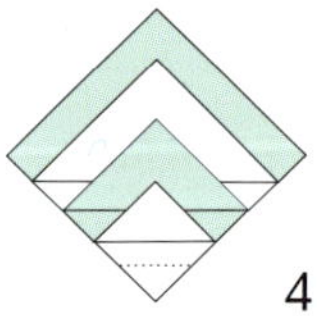
4

5

6

Serviettenring: Grüne Schleife

Material

200 cm Band, lindgrün mit weißen Tupfen, ca. 4 cm breit; Pappring, Ø ca. 5 cm, Breite entsprechend der des Bandes (vom Kern einer Haushaltsrolle mit dem Bastelmesser abgeschnitten); Klebestift; Heißkleber

1 Streichen Sie den Pappring mit dem Klebestift ein und umkleben Sie ihn mit Band.

2 Den Rest des Bandes binden Sie zu einer großen Schleife, die Sie mit Heißkleber auf dem Ring befestigen und in Form zupfen, sobald der Klebstoff trocken ist.

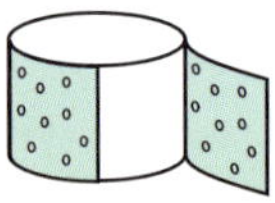
1

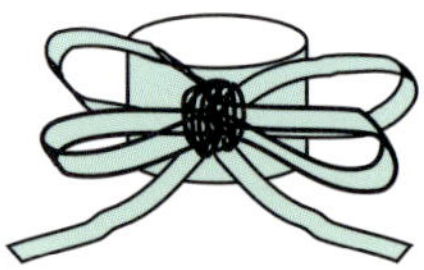
2

Flöte

Zu rustikalem Geschirr und einem herbstlichen Abendessen passen Servietten, die mit Juteband zusammengehalten und mit getrockneten Orangenscheiben oder langen Zimtstangen verziert werden.

1 Verwenden Sie die Serviette vierlagig gefaltet, wie sie aus der Packung kommt. Die offene Ecke liegt auf der Ihnen abgewandten Seite. Schlagen Sie einfach die rechte und die linke Ecke nach hinten ein, so daß eine Rolle entsteht.

2 Legen Sie ca. 50 cm Juteband um die Rolle und schlingen Sie es zu einem lockeren Knoten, den Sie mit Zimtstangen oder getrockneten Orangenscheiben dekorieren (Orangenscheiben auf das Band aufziehen).

Mein Tip

Da das Juteband ziemlich breit ist, sollten Sie nach Möglichkeit nicht zu kleine Servietten verwenden. Die abgebildeten Vlies-Servietten sind etwa 40 x 40 cm groß.

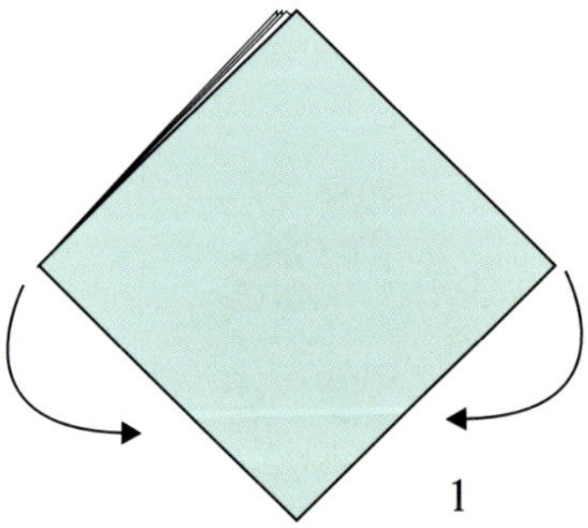

1

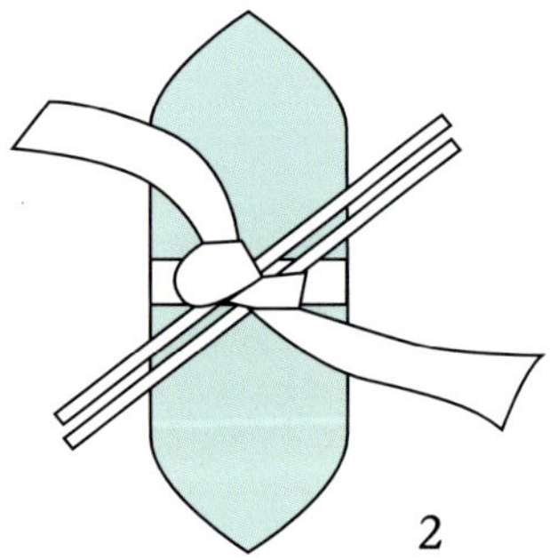

2

Tüte

Bunte Servietten mit tanzenden Kindern auf der breiten Borte und farbenfrohe Schnuller als Serviettenringe: So fröhlich könnte die Familie ihr jüngstes Mitglied begrüßen.

1 Verwenden Sie die Serviette vierlagig gefaltet, wie sie aus der Packung kommt. Die offene Ecke liegt von Ihnen abgewandt. Rollen Sie die rechte und die linke Ecke locker nach hinten ein, so daß eine spitze Tüte entsteht.

2 Ziehen Sie den Ring eines Schnullers oder einen Serviettenring über die Spitze der Tüte.

Mein Tip

Dekorieren Sie den Tisch zusätzlich mit einigen Schnullern aus Zucker.

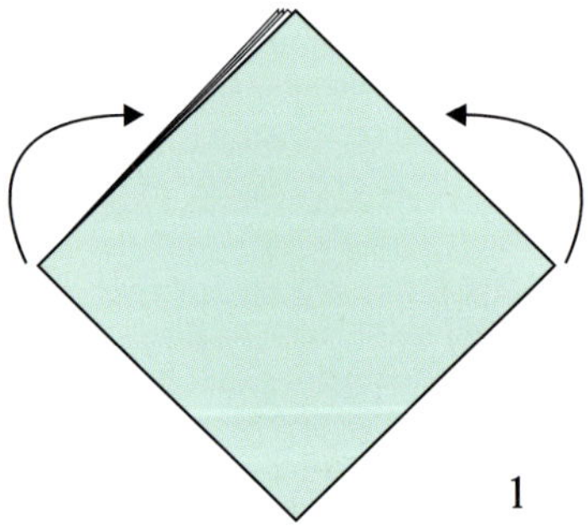

1

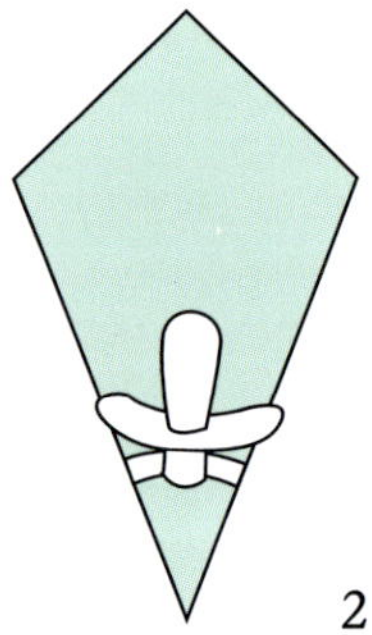

2

Dreispitz

Für diese Faltung eignen sich ausnahmsweise auch einlagige Servietten. Die schmalen Keramikringe lagen irgendwann für wenig Geld in der Ausverkaufskiste eines Haushaltwarengeschäftes.

1 Breiten Sie die Serviette aus. Die unbedruckte Seite liegt oben. Eine Ecke weist zu Ihnen.

2 Falten Sie die untere Hälfte entlang der Diagonale nach oben. Anschließend falten Sie die rechte und die linke Ecke an den gestrichelten Linien auf die obere Ecke.

3 Es entsteht ein Quadrat. Falten Sie die rechte und die linke Kante zur Mittellinie.

4 Es entsteht eine Drachenfigur.

5 Legen Sie die Figur an der senkrechten Mittellinie nach hinten zur Hälfte zusammen.

6 Über die untere Spitze schieben Sie den Serviettenring und formen die drei Spitzen der Serviette aus.

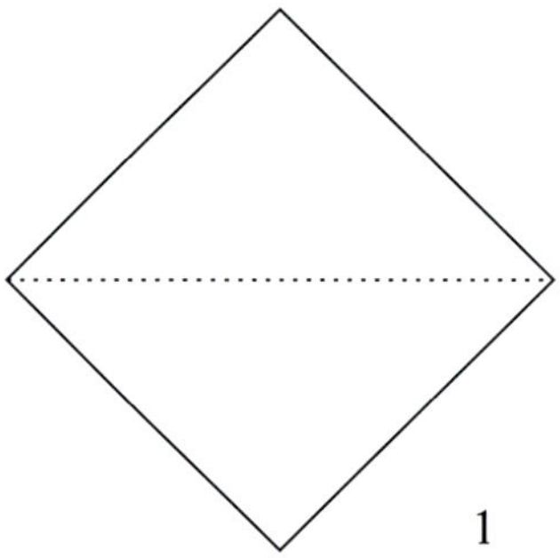
1

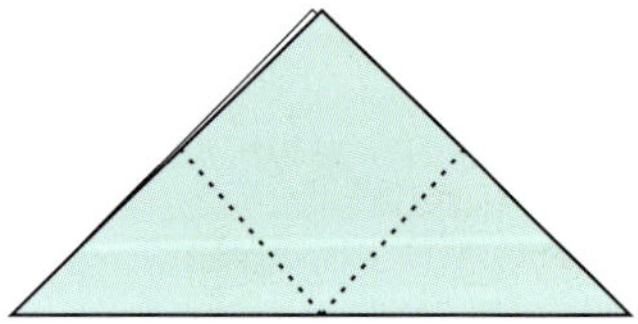
2

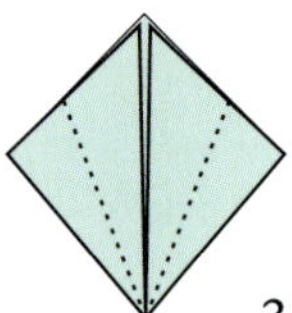
3

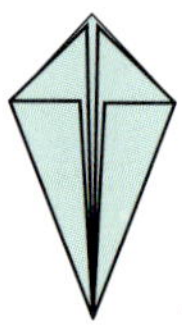
4

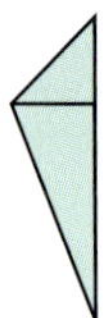
5

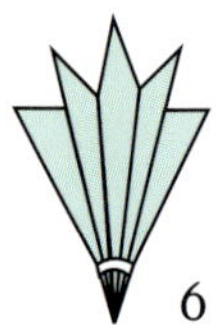
6

Fächer

Ein so auffallendes Muster wie das Kuhflecken-Design dieser Serviette verlangt nach einer ganz schlichten Faltfigur. Ein geschwungener schwarzer Serviettenring aus Porzellan paßt besonders gut dazu.

1 Breiten Sie die Serviette aus. Die unbedruckte Seite liegt oben.

2 Falten Sie die untere Hälfte nach oben.

3 Legen Sie die Serviette von links nach rechts ziehharmonikaartig in Falten.

4 Über das geschlossene Ende der Serviette ziehen Sie den Ring und fächern die Serviette auf.

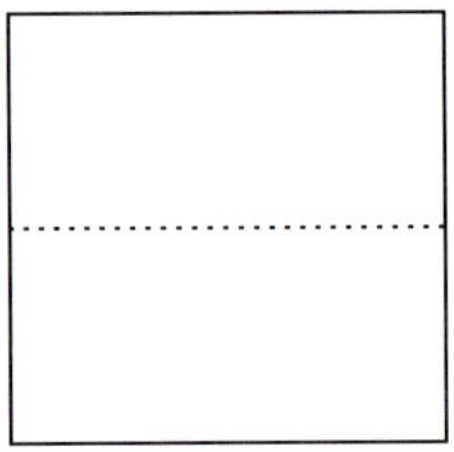
1

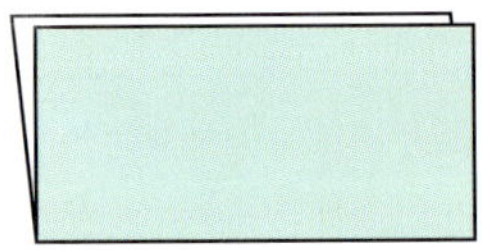
2

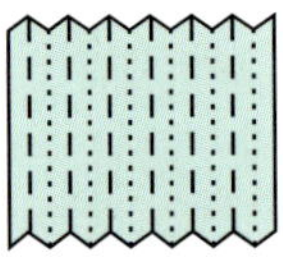
3

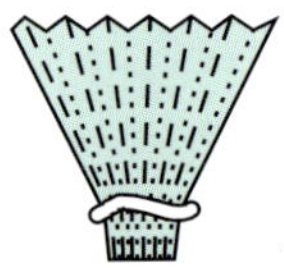
4

II Servietten im Glas

Wenn der Platz auf dem Tisch knapp ist, stellen Sie die Servietten doch einfach in die Gläser. Einige der elegantesten Figuren zeigen sich so in ihrer ganzen Schönheit.

Schmetterling (Abbildung auf Seite 34)

Aus einer nicht allzu steifen Papierserviette gefaltet, gelingt dieser zarte Schmetterling am besten. Achten Sie darauf, daß der Knick wirklich genau in der Mitte liegt und die „Flügel“ symmetrisch auseinanderfallen.

1 Breiten Sie die Serviette aus. Die bedruckte Seite liegt oben.

2 Legen Sie die Serviette ziehharmonikaartig in Falten.

3 Das entstandene Band legen Sie in der Mitte zusammen und stellen es in ein Glas. Erst dann fächern Sie die „Flügel“ auf und biegen sie am Glasrand nach unten.

1

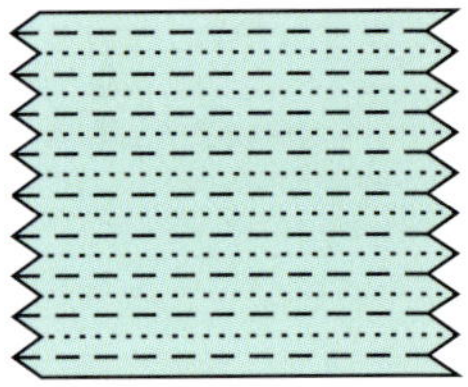
2

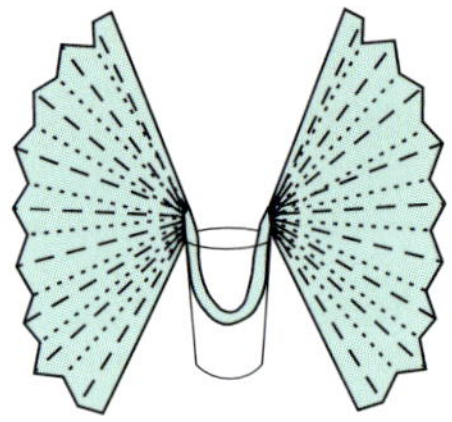
3

Bouquet (Abbildung rechts)

Als Sträußchen im Glas kommen die transparenten Servietten aus Japanseide besonders gut zur Geltung.

1 Legen Sie eine rot und eine rot-goldfarben gemusterte Serviette aus Japanseide so aufeinander, daß die Spitzen am Rand auf Lücke liegen.

2 Dann fassen Sie beide Servietten zusammen im Mittelpunkt, stellen sie wie einen Blumenstrauß in ein Glas und formen sie aus.

1

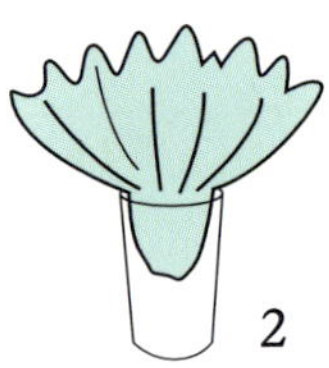
2

Lilie

Ein Blickfang auf jeder Tafel: Die Lilie, dem Wappen der Bourbonen nachempfunden, sieht aus einer einfarbigen Serviette gefaltet am edelsten aus. Allerdings sollten Sie sehr gewissenhaft arbeiten, damit die Figur auch wirklich so prächtig gelingt.

1 Breiten Sie die Serviette aus. Die unbedruckte Seite liegt oben. Eine Ecke weist zu Ihnen.

2 Falten Sie die untere Hälfte entlang der Diagonale nach oben. Es entsteht ein Dreieck.

3 Falten Sie die untere Hälfte des Dreiecks nach oben.

4 Nun legen Sie die Serviette erst senkrecht in der Mitte zusammen (damit ein Bruch von der Spitze auf die untere Mitte verläuft). Von diesem Bruch ausgehend falten Sie die Serviette zu den Seiten hin ziehharmonikaartig. Rechts und links lassen Sie etwa acht bis zehn Zentimeter ungefaltet. Greifen Sie in die Talfalten des unteren Querbandes und ziehen Sie die inneren Spitzen (*) vorsichtig nach außen. Nach jeder Falte pressen Sie die Serviette gut in der Hand.

5 Die fertig gefaltete Serviette stellen Sie in ein Glas und formen sie aus.

Mein Tip

Damit die Lilie nicht auseinanderfällt, muß sie in einem schmalen Glas aufgestellt werden. Die meisten Wein- oder Wassergläser haben eine zu große Öffnung für eine Serviette im Format 33 x 33 cm. Wir haben deshalb ein zierliches Likörglas verwendet. 40 x 40 cm große Servietten finden auch in einem engen Weinglas Halt.

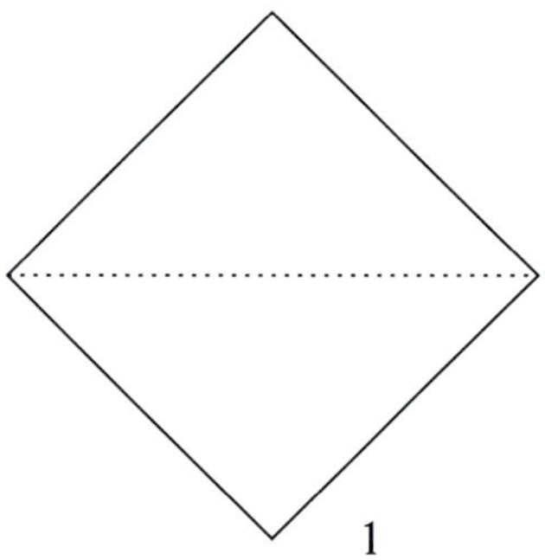

1

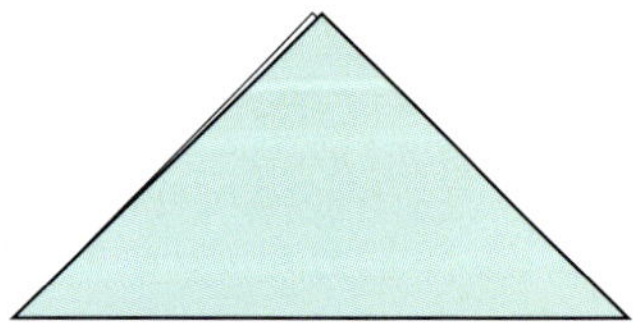

2

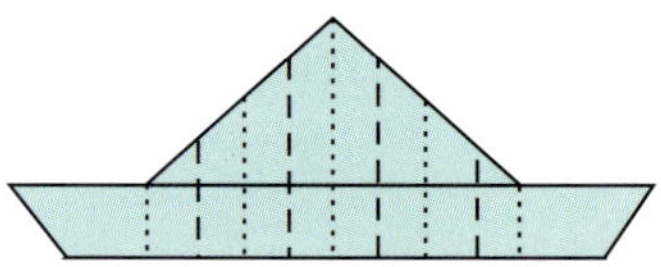

3

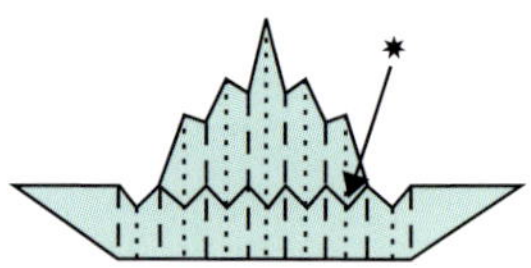

4

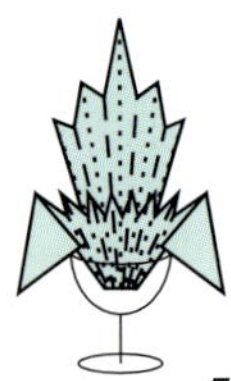

5

Pêche
Likör

Zuckerstangen

Fröhlich geringelt stehen die *Zuckerstangen* in einfachen Wassergläsern – eine Serviettenform, die sich für Gartenfeste und ähnlich informelle Anlässe ganz besonders anbietet.

Jedes Zuckerstangenpaar besteht aus zwei Servietten gleicher Größe.

1 Legen Sie eine farbige und eine weiße Serviette ausgebreitet und leicht versetzt aufeinander. Eine Ecke weist zu Ihnen.

2 Dann rollen Sie beide Servietten gleichzeitig von der unteren Spitze her auf.

3 Die entstandene Rolle knicken Sie in der Mitte und stellen sie in ein Glas.

Wenn Sie die Servietten nicht ganz aufrollen und dann abknicken, entsteht die Wünschelrute (rechts im Bild, blau mit weißen Tupfen).

Mein Tip

Dekorieren Sie den Tisch zusätzlich mit echten kleinen Zuckerstangen.

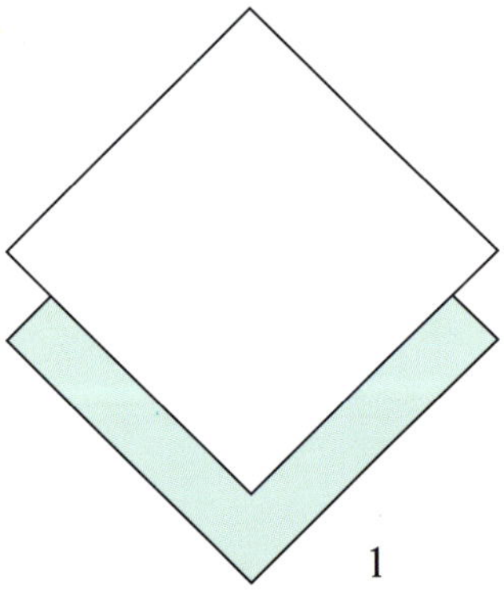

1

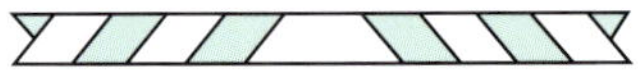

2

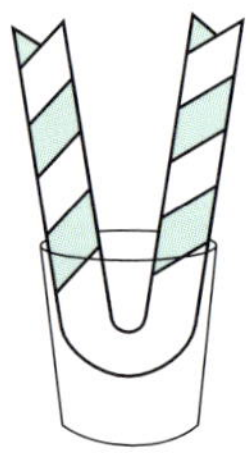

3

Iris

Die *Iris* ist wesentlich einfacher zu falten, als es zunächst aussieht, und bringt einen kräftigen Farbtupfer auf den Tisch.

1 Breiten Sie die Serviette aus. Die unbedruckte Seite liegt oben. Eine Ecke weist zu Ihnen.

2 Falten Sie die untere Hälfte entlang der Diagonale nach oben.

3 Dann falten Sie die rechte und die linke Ecke so nach oben, daß sie rechts und links neben der mittleren Ecke zu liegen kommen.

4 Die untere Spitze falten Sie nach oben und legen die Serviette von links nach rechts ziehharmonikaartig in Falten. Eine Bergfalte soll dabei genau in der senkrechten Mitte verlaufen.

5 Die fertig gefaltete Serviette stellen Sie in ein Glas und formen sie aus.

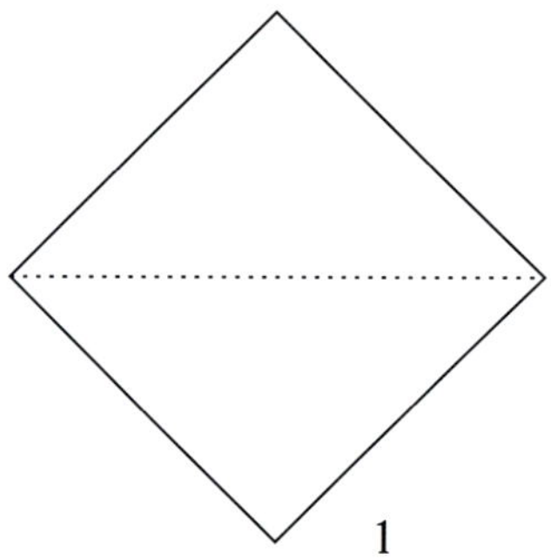
1

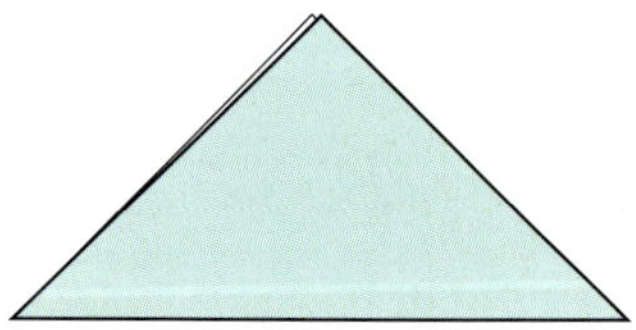
2

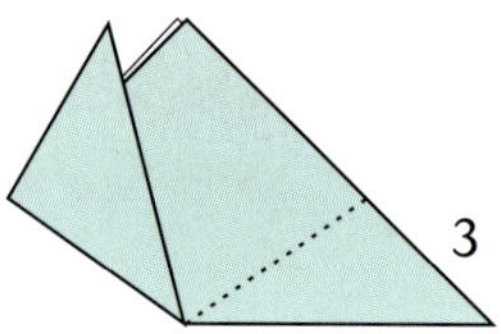
3

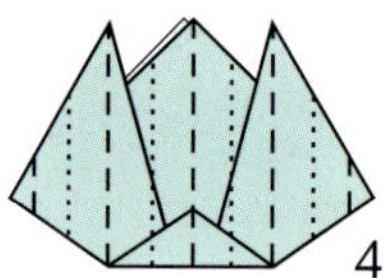
4

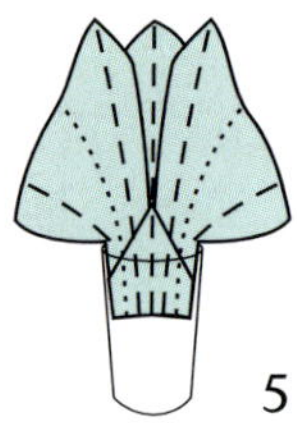
5

Zwillingstüte

Die schlanke *Zwillingstüte* wirkt in schmalen, hohen Sektgläsern sehr schön. Besonders hübsch dazu: bläuliche Gläser mit einer leichten Tropfenstruktur.

1 Breiten Sie die Serviette aus. Die unbedruckte Seite liegt oben.

2 Falten Sie die untere Hälfte nach oben.

3 Fassen Sie die rechte untere Ecke und rollen Sie die Serviette tütenförmig bis zur Mitte ein. Mit der anderen Seite verfahren Sie genauso.

4 Drehen Sie die Serviette um, so daß die bisherige Rückseite nach vorne kommt, und stellen Sie die fertige Tüte ins Glas.

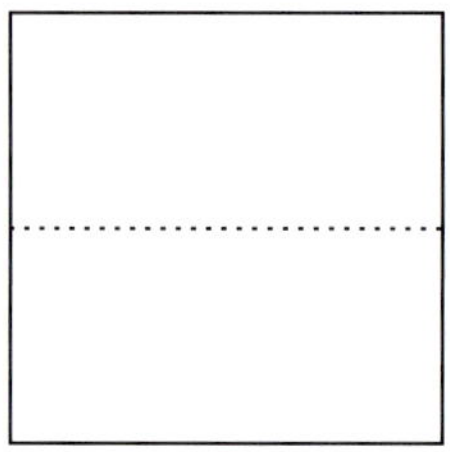

1

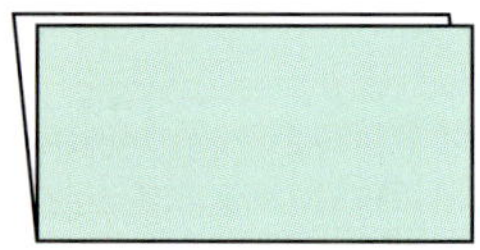

2

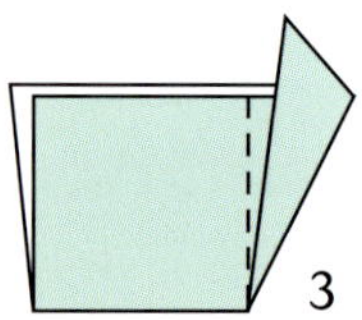

3

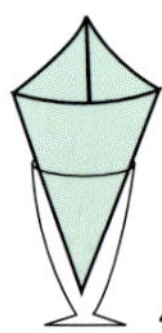

4

SEKT
EXTRA DRY
HENBURG
EXTRA DRY
SEKT

Turm im Glas

Diese Faltfigur könnte auch als Fächer aufgestellt werden. Originеller wirkt sie aber im Glas.

1 Breiten Sie die Serviette aus. Die unbedruckte Seite liegt oben.

2 Falten Sie die untere Hälfte nach oben.

3 Anschließend falten Sie das untere Drittel noch einmal nach oben.

4 Legen Sie die Serviette von links nach rechts ziehharmonikaartig in Falten. Dann fassen Sie in die Talfalten des unteren „Bandes“ und ziehen vorsichtig die inneren Ecken nach außen. Zwischendurch pressen Sie die Serviette immer wieder fest zusammen.

5 Die fertig gefaltete Serviette stellen Sie in ein Glas.

Mein Tip

Eine einfach gemusterte Serviette, eventuell einfarbig mit kontrastierendem Rand wie auf unserem Foto, eignet sich für diese Faltform am besten.

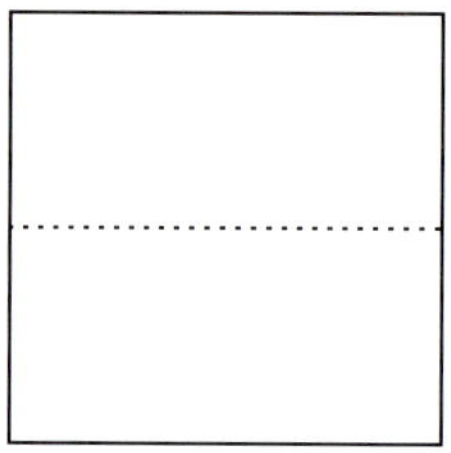
1

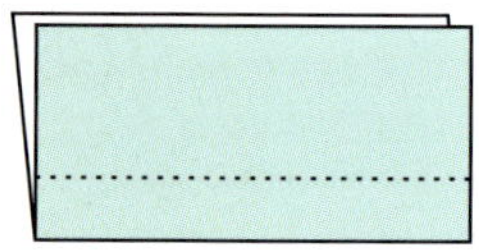
2

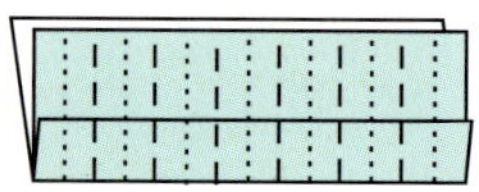
3

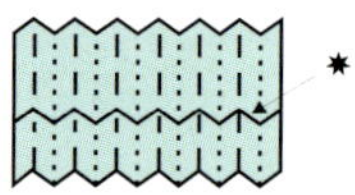
4

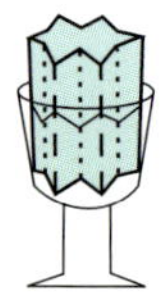
5

CHIANTI
VENDEMMIA
1995
CHIANTI
ANTICA FATTORIA
CASTELLO DEL TREBBIO

III Servietten Surprise

Ihre Gäste werden sich noch lieber an einen Abend bei Ihnen erinnern, wenn sie in ihrer Serviette eine kleine Überraschung vorfinden. Suchen Sie sich eine von sieben Formen aus, in denen Sie solche Aufmerksamkeiten unterbringen können. Sie können aber auch einfach die Tischkarten in solche Serviettentaschen stecken.

Eistüte

In der *Eistüte* können Sie den Traumwagen im Miniaturformat oder einen dicken Glückskäfer wie auf der vorigen Doppelseite verstecken. So kommt diese einfache Faltfigur bei groß und klein an.

1 Verwenden Sie die Serviette vierlagig gefaltet, wie sie aus der Packung kommt. Die offene Ecke weist von Ihnen weg.

2 Falten Sie die **beiden** obersten Lagen mehrfach nach unten, so daß knapp unterhalb der Mitte ein Band entsteht.

3 Schließlich falten Sie die rechte und die linke Ecke so nach hinten, daß sich die Knicke in der unteren Mitte treffen.

Mein Tip

Bei einfarbigen Servietten oder Stoffservietten reicht es, in Schritt 2 die oberste Lage nach unten zu falten. Oft wird die nächste Lage dann zu einem zweiten Band gefaltet. Bei bedruckten Servietten würde dann aber die unbedruckte, meist weiße Rückseite sichtbar.

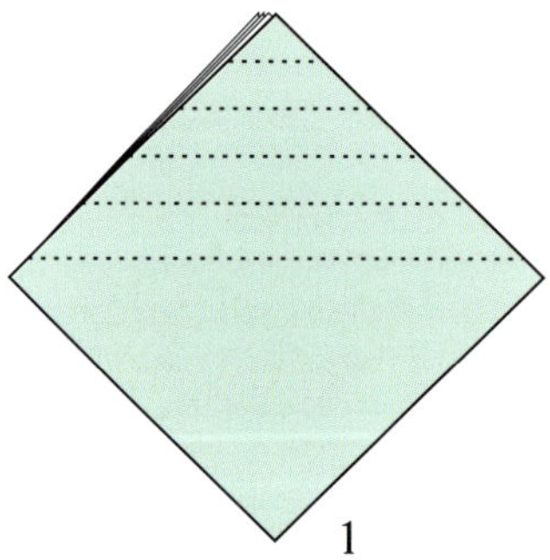

1

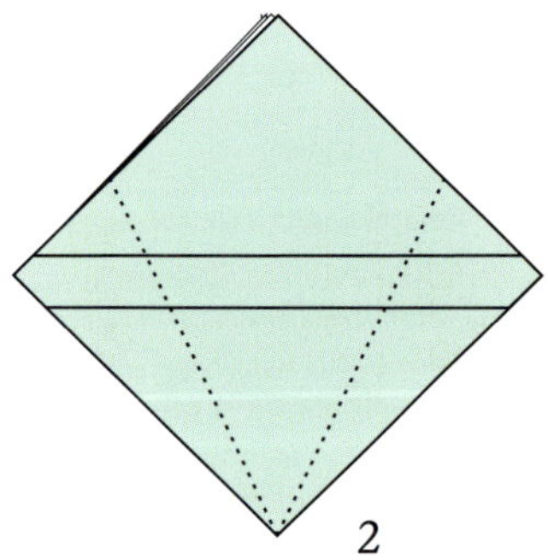

2

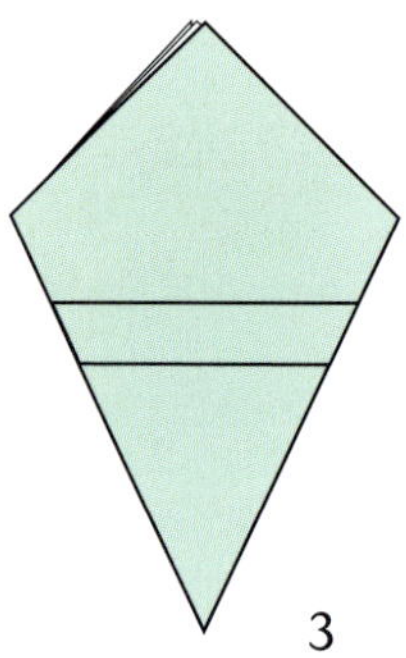

3

Tuxedo

Kommt Ihnen diese Figur bekannt vor? Richtig: Es handelt sich um eine Variante der *Eistüte*, bei der die Seiten gerade und nicht schräg nach hinten eingeschlagen werden.

1 Verwenden Sie die Serviette vierlagig gefaltet, wie sie aus der Packung kommt. Die offene Ecke liegt rechts oben.

2 Falten Sie die beiden obersten Lagen mehrfach diagonal zur Mitte, so daß ein Band entsteht (siehe auch „Mein Tip", Seite 50).

3 Schlagen Sie das rechte und linke Viertel der Serviette nach hinten ein.

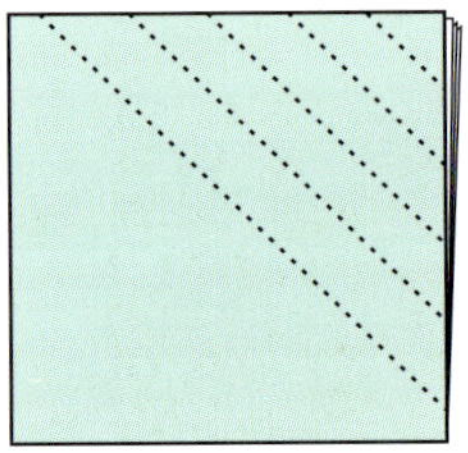

1

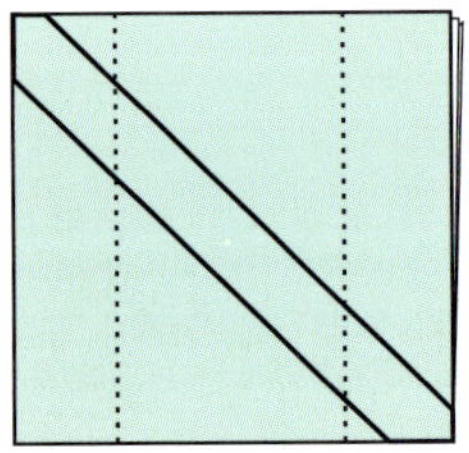

2

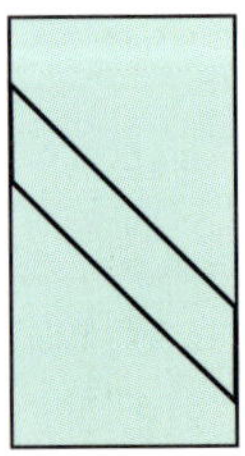

3

Christine

Quadrat

Auf dem weißen Feld zwischen den gemusterten Ecken hat auch ein etwas größeres Geschenk Platz. Hier sind es drei Schwimmkerzen in Blätterform zur Serviette mit Herbstlaubmuster. Vielleicht finden Sie ähnliche Kerzen, die zum Dekor Ihrer Servietten passen.

1 Breiten Sie die Serviette aus. Die unbedruckte Seite liegt oben.

2 Falten Sie alle vier Ecken zur Mitte.

3 Drehen Sie die Serviette vorsichtig um und falten Sie die Ecken wieder zur Mitte.

4 Drehen Sie die Serviette noch einmal um und stecken Sie die zur Mitte weisenden Ecken unter die äußeren Ecken.

5 Die fertige Figur sieht hübscher aus, wenn Sie die inneren Kanten der entstandenen Dreiecke nicht plattdrücken, sondern leicht gerundet lassen.

Mein Tip

Bei diesem Quadrat stellt die unbedruckte Serviettenrückseite keinen Nachteil dar: Sie erscheint als weißes Mittelfeld.

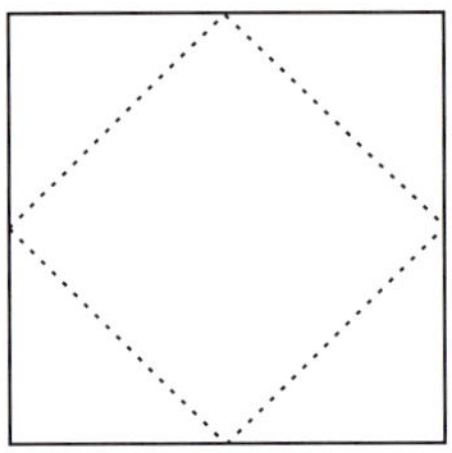

1

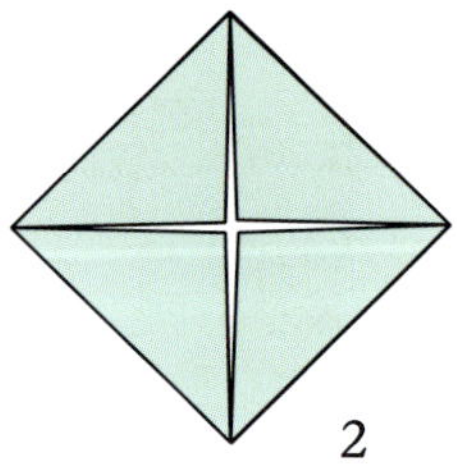

2

3

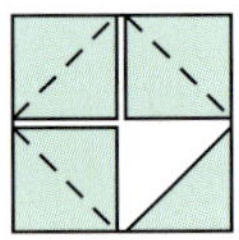

4

5

Kreuz

Wie das *Quadrat* oder die *Lotosblüte* erinnert auch das *Kreuz* an das Kinderspiel „Himmel und Hölle“, das ganz ähnlich gefaltet wird. Auf dem mittleren Feld können Sie auch beim Kreuz eine kleine Überraschung plazieren.

1 Breiten Sie die Serviette aus. Die unbedruckte Seite liegt oben.

2 Falten Sie alle vier Ecken zur Mitte.

3 Drehen Sie die Serviette vorsichtig um und falten Sie die Ecken wieder zur Mitte.

4 Wiederholen Sie Schritt 3.

5 Drehen Sie die Serviette ein drittes Mal um und falten Sie die inneren Ecken so auf die äußeren, daß sich die Kreuzbalken bilden.

6 Die fertige Figur ist ein Kreuz mit quadratischem Mittelfeld.

Mein Tip

Bei der abgebildeten Serviette umschließt ein breiter, orangefarbener Rand ein kariertes Mittelfeld. Aus dem Rand entstehen beim Falten die Kreuzbalken – ein interessanter Effekt.

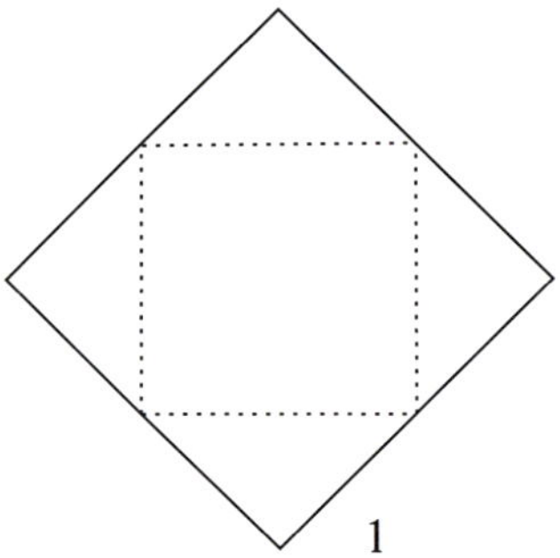

1

2

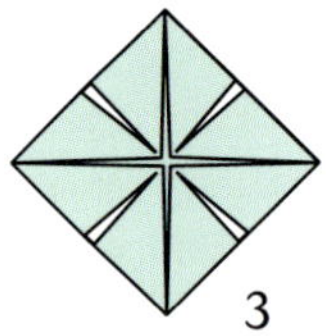

3

4

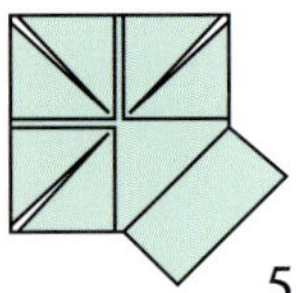

5

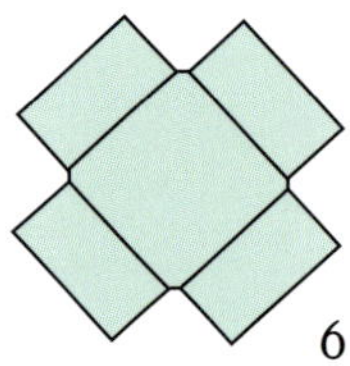

6

Tasche

Diese *Tasche* ist so einfach zu falten, daß Sie auch eine größere Tafel damit ausstatten können. In ihrem Inneren verstecken Sie zum Beispiel Süßigkeiten oder ein kleines Spiel.

1 Breiten Sie die Serviette aus. Die unbedruckte Seite liegt oben.

2 Falten Sie alle vier Ecken zur Mitte.

3 Nun falten Sie die obere Hälfte der Serviette nach hinten.

4 Zum Schluß legen Sie die linke Hälfte der Serviette so auf die rechte, daß ein Quadrat entsteht.

Mein Tip

Auch für diese Figur empfiehlt sich eine Serviette mit gemustertem Rand: Er verläuft dann links und rechts vom diagonalen Schlitz über die Tasche.

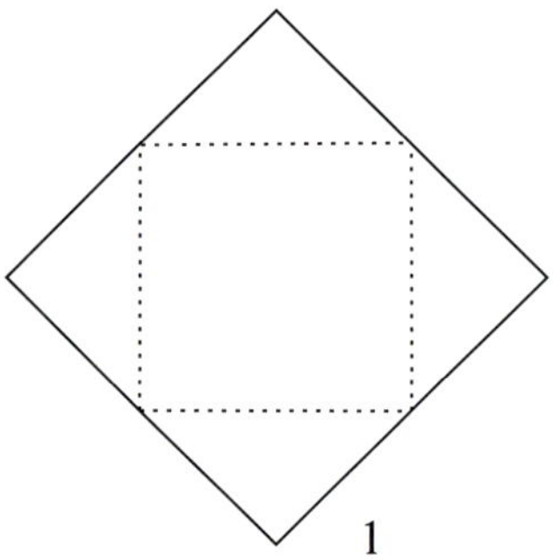

1

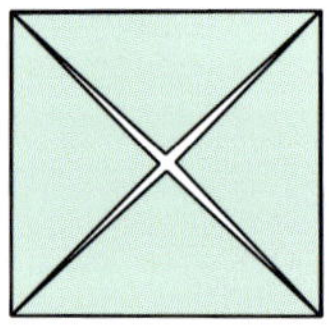

2

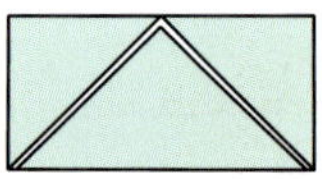

3

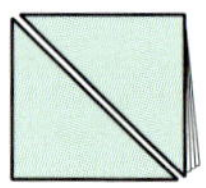

4

Lotosblüte

Die *Lotosblüte* müssen Sie sehr sorgsam falten, damit sie nicht zerknautscht wirkt. Dann aber belohnt eine der attraktivsten Serviettenfiguren Sie für Ihre Mühe.

1 Breiten Sie die Serviette aus. Die unbedruckte Seite liegt oben.

2 Falten Sie alle vier Ecken zur Mitte.

3 Wiederholen Sie Schritt 2, ohne die Serviette umzudrehen.

4 Erst jetzt drehen Sie die Serviette um und falten wieder alle vier Ecken zur Mitte.

5 Greifen Sie unter die Ecken und ziehen Sie die darunterliegenden Ecken vorsichtig heraus. Dabei richten sich die inneren Ecken wie Blütenblätter auf.

6 Ziehen Sie die Ecken, die zwischen den „Blütenblättern" liegen, ebenfalls heraus und formen Sie die Blüte aus.

Mein Tip

Für alle Figuren, bei denen die Ecken zur Mitte gefaltet werden, muß die Serviette genau quadratisch sein. Notfalls müssen Sie zur Schere greifen und einen überstehenden Streifen abschneiden.

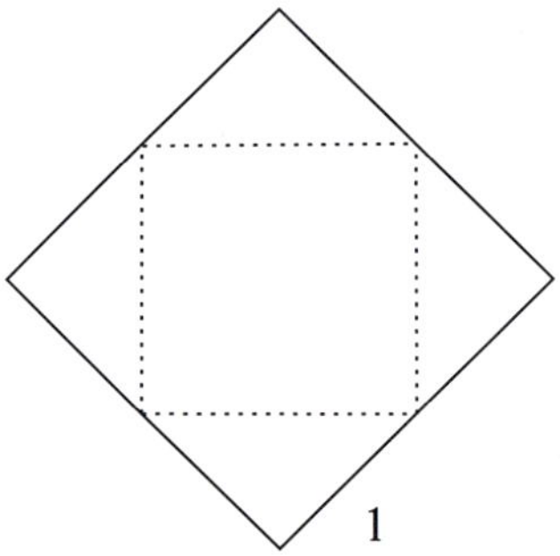
1

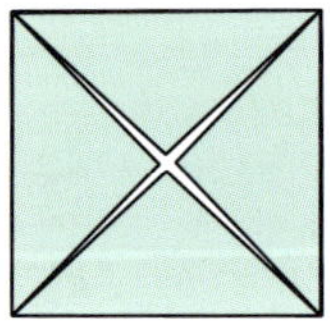
2

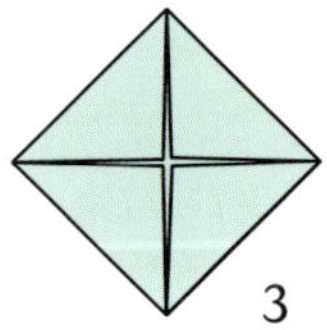
3

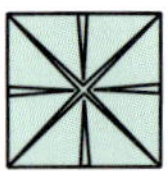
4

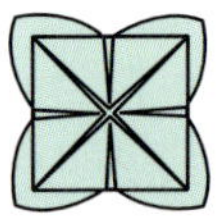
5

6

Rhomben

Weil bei dieser streng geometrischen Figur die Rückseite der Serviette zu sehen ist, eignen sich unifarbene Exemplare besser als gemusterte. Wer mag, kann aber mit gemusterten Servietten experimentieren. Dann erscheint rechts und links an den Längsseiten jeweils ein weißes Dreieck, so wie bei der gelb gestreiften Serviette auf dem Buchumschlag.

1 Verwenden Sie die Serviette vierlagig gefaltet, wie sie aus der Packung kommt. Die offene Ecke weist von Ihnen weg.

2 Falten Sie die oberste Lage an der diagonalen Mittellinie nach unten.

3 Die untere Hälfte des entstandenen Dreiecks falten Sie zur Mittellinie zurück.

4 Die obere Hälfte des oberen Dreiecks falten Sie ebenfalls zur Mitte.

5 Schlagen Sie die rechte und die linke Ecke der Serviette nach hinten ein.

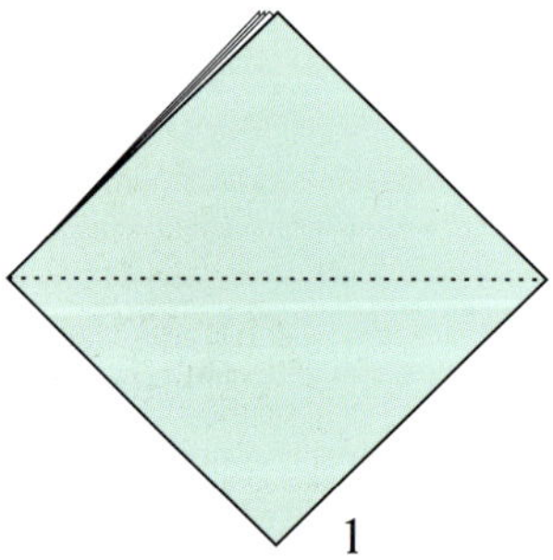

1

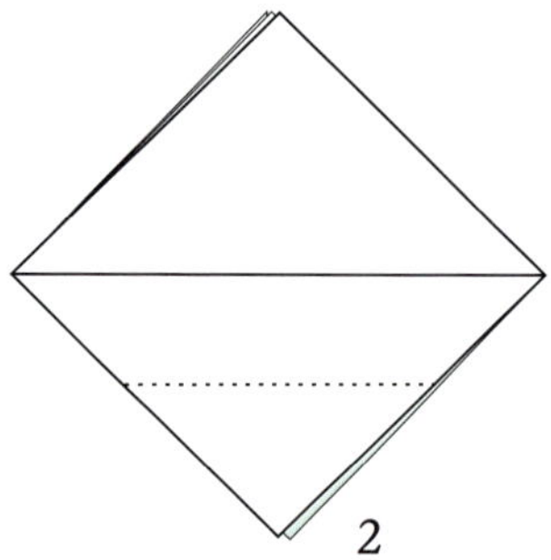

2

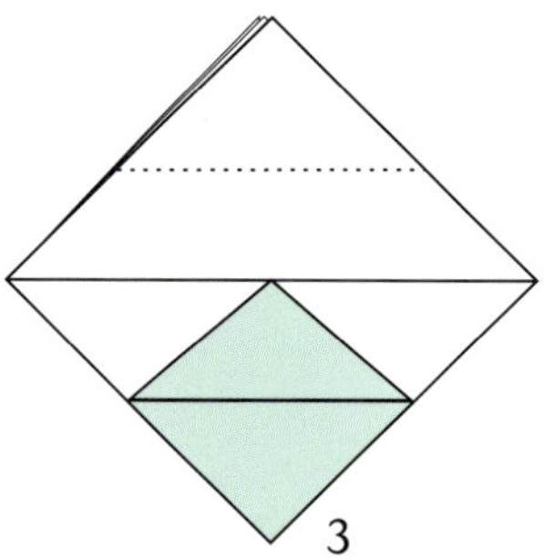

3

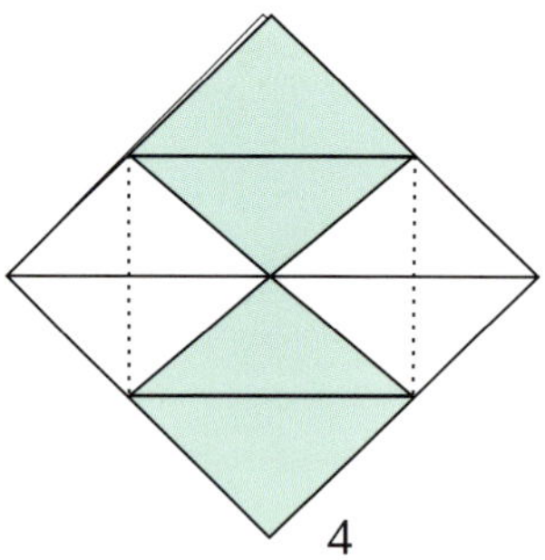

4

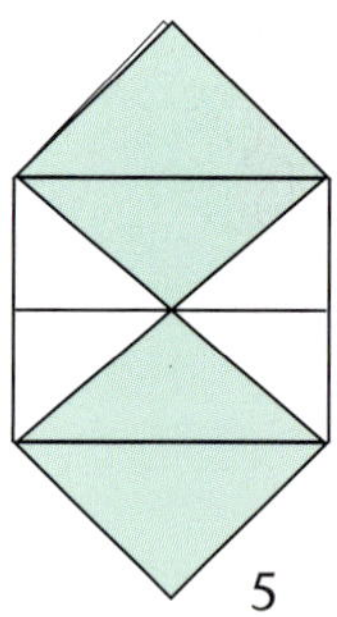

5

IV Big Party!

Besondere Feste verlangen nach einer besonderen Tischdekoration. Hier finden Sie 15 Serviettenformen für jede Gelegenheit. Und das Schönste: Für keine brauchen Sie länger als zum Öffnen einer Flasche Wein.

Spitzhut

Den Spitzhut kennen Sie vielleicht aus dem Restaurant. In frischen Farben und mit fruchtigem Motiv wirkt er jung und modern.

1 Breiten Sie die Serviette aus. Die unbedruckte Seite liegt oben.

2 Falten Sie die obere Hälfte nach unten.

3 Rollen Sie die linke Hälfte wie eine Tüte zur Mitte.

4 Dann legen Sie die rechte untere Ecke auf die untere Spitze (* auf *).

5 Alle vier Lagen klappen Sie zusammen nach außen um. Die mit ° markierte Ecke steht nach links ab.

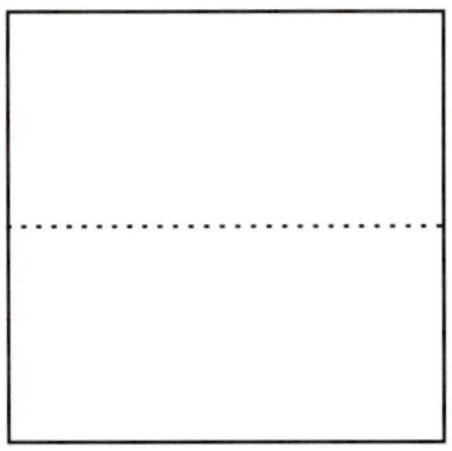

1

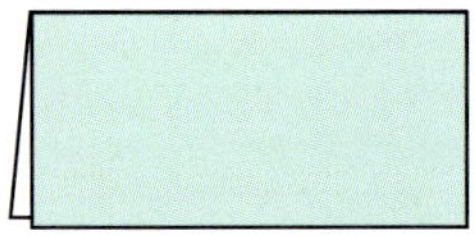

2

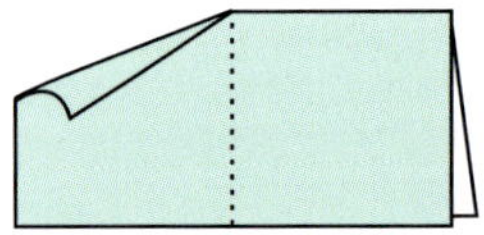

3

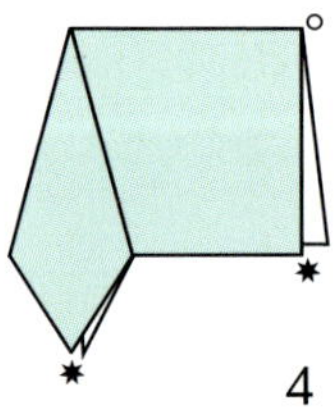

4

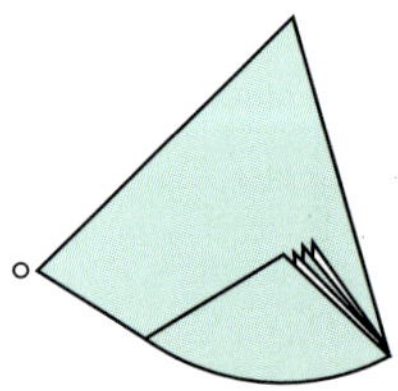

5

Stehender Fächer

Diese elegante Figur paßt zu einem klassischen Service ebenso wie zu einer modernen oder exotischen Tischdekoration. Eine Stütze verleiht dem Fächer Halt, so daß er sich auch aus Papierservietten stabil falten läßt.

1 Breiten Sie die Serviette aus. Die unbedruckte Seite liegt oben.

2 Falten Sie die obere Hälfte nach unten.

3 Legen sie den rechten Teil etwas weiter als bis zur Mitte in ziehharmonikaartige Falten.

4 Falten Sie die untere Hälfte der Serviette nach oben. Der ziehharmonikaartige Teil liegt außen.

5 Nun falten Sie den glatten Teil erst schräg nach unten, dann den unten überstehenden Teil als Stütze nach hinten.

6 Lassen Sie den Fächer vorsichtig auseinanderfallen und stellen Sie ihn auf.

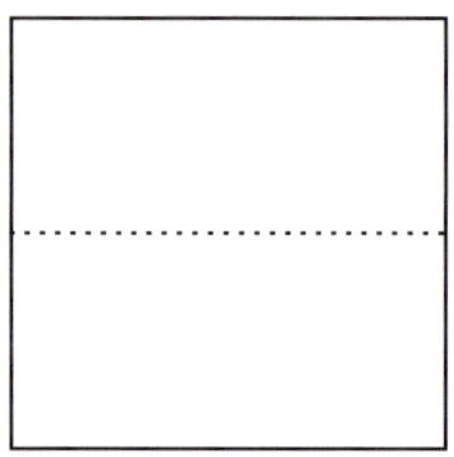

1

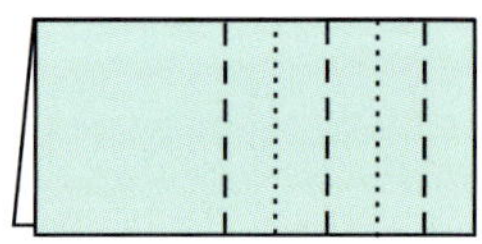

2

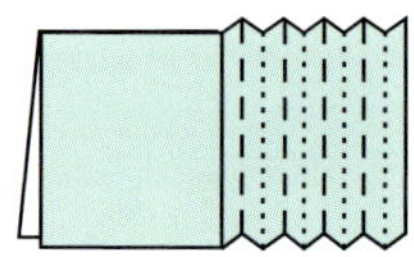

3

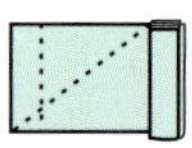

4

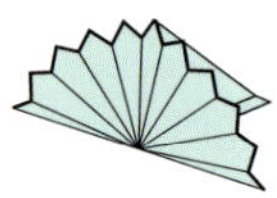

5

Spargel

Überraschen Sie Ihre Gäste bei einem Spargelessen mit dieser Serviettenform. Komplimente sind Ihnen sicher!

1 Breiten Sie die Serviette aus. Die unbedruckte Seite liegt oben.

2 Falten Sie das obere und das untere Viertel zur Mitte.

3 Falten Sie die an der Mittellinie liegenden Ecken diagonal nach außen.

4 Rollen Sie die rechte und die linke Seite jeweils bis zur Mitte ein.

5 Fertige Figur. Papierservietten halten die Form nicht immer gut. Dann fixieren Sie die beiden Spargelstangen einfach mit einem farblich passenden Band oder einem Serviettenring.

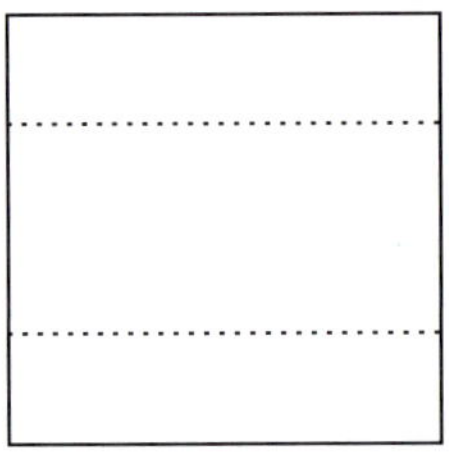
1

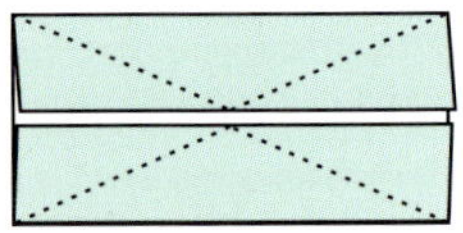
2

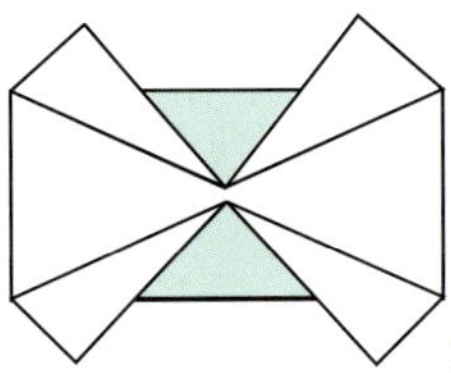
3

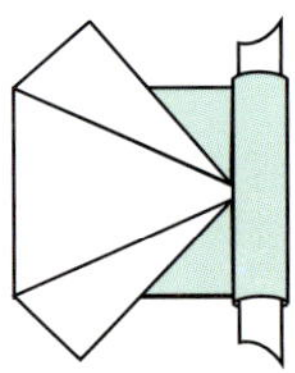
4

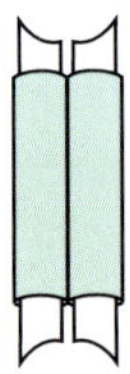
5

Untersetzer

Legen Sie an jeden Platz einen quadratischen Untersetzer, auf dem Sie vorgewärmte Teller ohne Gefahr für die Tischplatte abstellen können. Aber auch unter einem Glasteller kommt diese Faltfigur gut zur Geltung.

1 Breiten Sie die Serviette aus. Die bedruckte Seite liegt oben.

2 Falten Sie alle vier Ecken zur Mitte.

3 Drehen Sie die Serviette um und falten Sie wieder alle vier Ecken zur Mitte.

4 Drehen Sie die Serviette noch einmal um und falten Sie die in der Mitte liegenden Ecken nach außen.

5 Die fertige Figur zeigt zwei ineinandergestellte Quadrate.

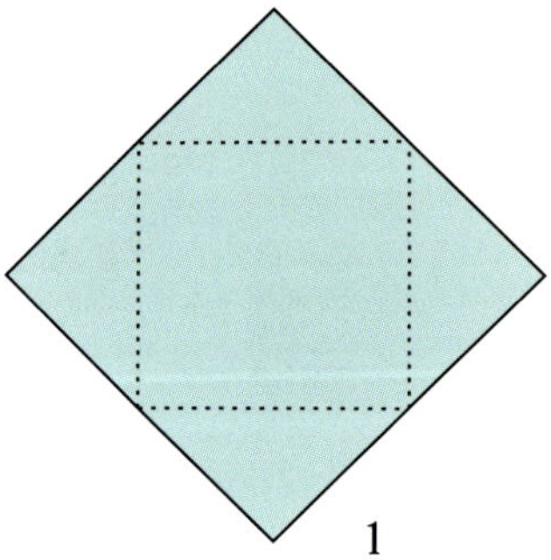

1

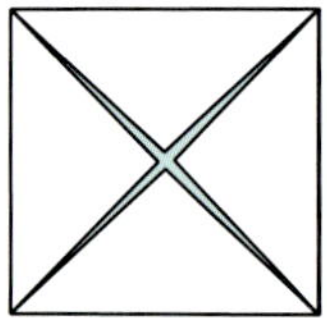

2

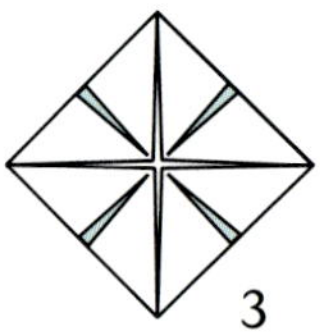

3

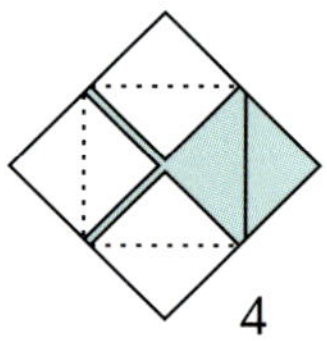

4

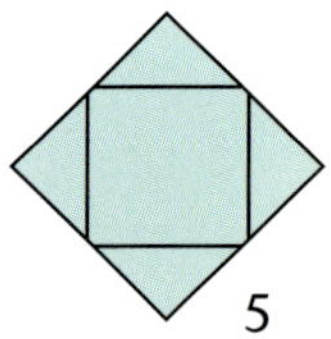

5

Schwinge

In der Kunst des Serviettenbrechens sind Fächerformen besonders beliebt. Diesmal wird die Serviette nicht zum Rechteck gelegt und dann von einer Längs- oder Schmalseite her gefaltet, sondern zuerst zum Dreieck gelegt und anschließend ziehharmonikaartig gefaltet.

1 Breiten Sie die Serviette aus. Die unbedruckte Seite liegt oben. Eine Ecke weist zu Ihnen.

2 Falten Sie die obere Hälfte diagonal auf die untere.

3 Legen Sie das Dreieck von der Basis bis zur Spitze ziehharmonikaartig in Falten.

4 Das so entstandene Band klappen Sie an der ehemaligen Dreiecksbasis zur Hälfte zusammen.

5 Legen Sie die Serviette mit der Seite auf den Teller und fächern Sie die obere Hälfte auf.

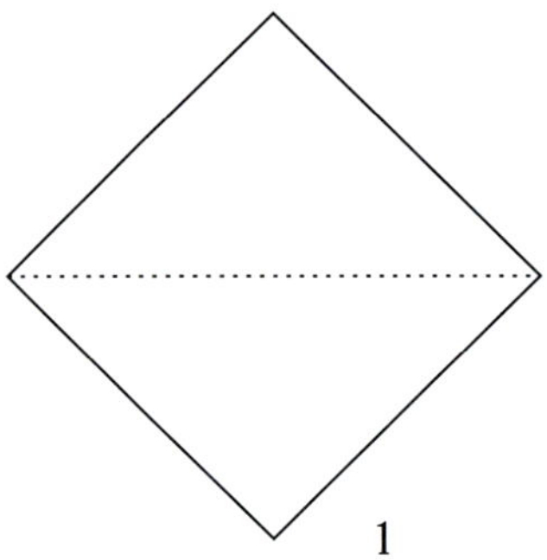

1

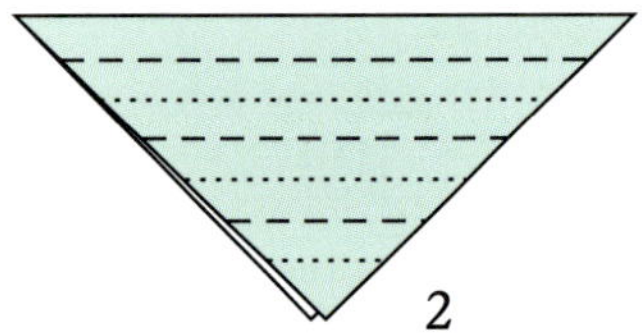

2

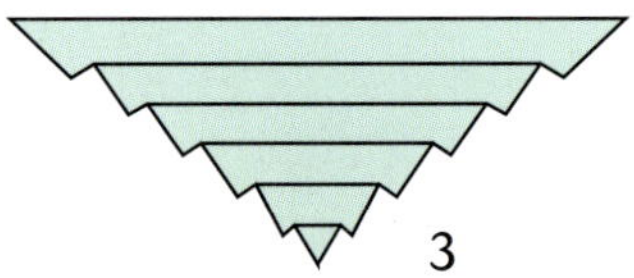

3

4

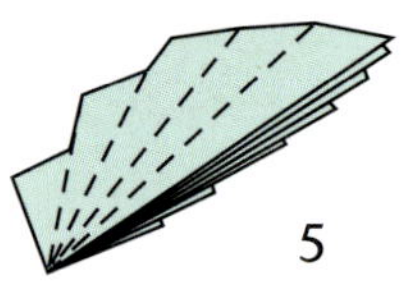

5

Pfauenschwanz

Die klare Form der Faltung und eine Serviette mit schnörkellosem Dessin in kräftigen Farben passen perfekt zueinander.

1 Breiten Sie die Serviette aus. Die unbedruckte Seite liegt oben.

2 Falten Sie die untere Hälfte nach oben.

3 Ziehen Sie die linke obere Ecke der oberen Lage auf die rechte obere Ecke (* auf *), so daß ein Dreieck zu sehen ist.

4 Drehen Sie die Serviette um und wiederholen Sie Schritt 3.

5 Falten Sie das entstandene Dreieck zur Hälfte zusammen.

6 Zum Schluß fächern Sie die vier Spitzen der Figur auf.

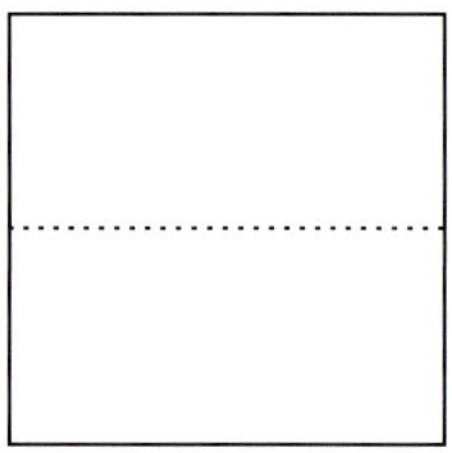
1

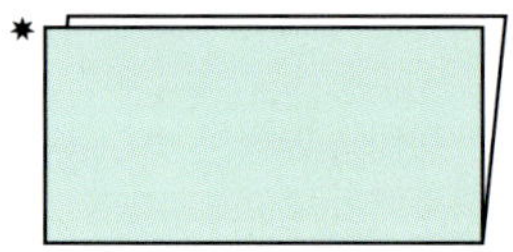
2

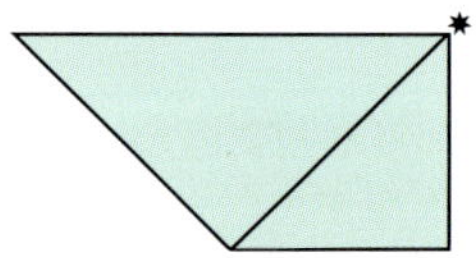
3

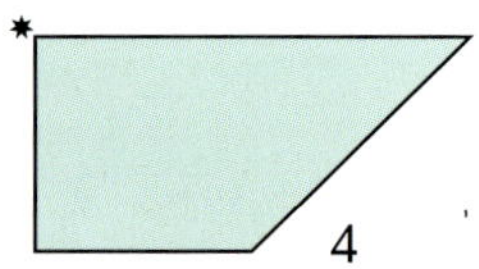
4

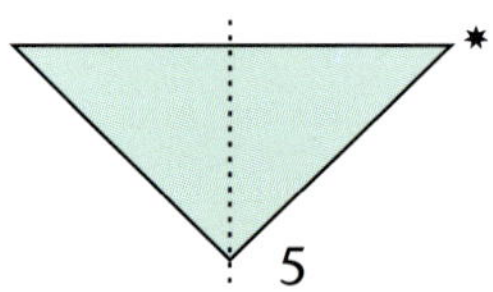
5

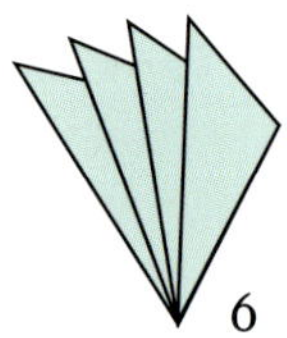
6

Dinner

Kaum zu glauben: Diese Figur wird genauso gefaltet wie der *Pfauenschwanz* (Seite 76/77). Doch durch die stehende Form und eine Serviette in zarten Aquarelltönen wirkt sie ganz anders.

1 Breiten Sie die Serviette aus. Die unbedruckte Seite liegt oben.

2 Falten Sie die obere Hälfte nach unten.

3 Ziehen Sie die rechte untere Ecke der oberen Lage auf die linke untere Ecke (* auf *), so daß ein Dreieck zu sehen ist.

4 Drehen Sie die Serviette um und wiederholen Sie Schritt 3.

5 Legen Sie die rechte Hälfte des Dreiecks locker auf die linke.

6 Stellen Sie die Serviette auf.

Mein Tip

Während die Kniffe beim *Pfauenschwanz* gut gepreßt werden, sollten Sie die Serviette für die Form *Dinner* möglichst locker falten, damit die vier „Flügel" schön rund ausfallen.

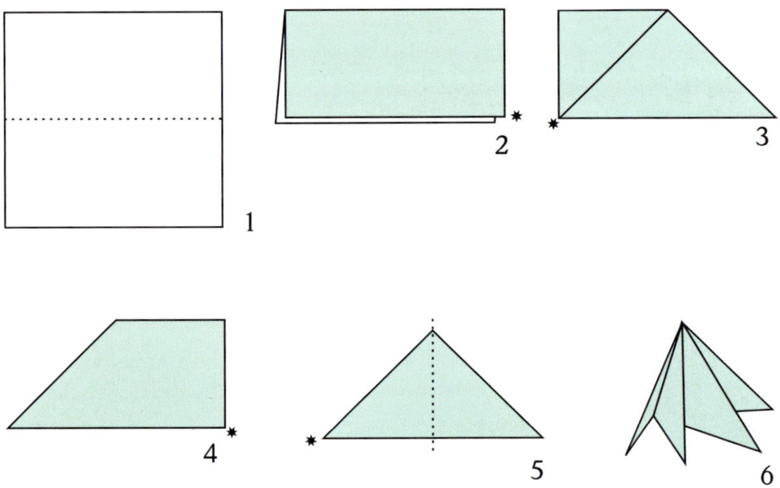

Windrad

Eine witzige Dekoration – nicht nur für die Erdbeerzeit – ist das *Windrad*. Die Faltung sieht zunächst ein bißchen kompliziert aus. Wenn Ihnen das erste *Windrad* gelungen ist, gehen Ihnen alle weiteren aber ganz leicht von der Hand.

1 Breiten Sie die Serviette aus. Die unbedruckte Seite liegt oben.

2 Falten Sie das obere und das untere Viertel zur Mitte.

3 Ziehen Sie die Mitte der rechten Kante (*) zur Mitte (•).

4 Legen Sie die untere Spitze nach rechts.

5 Dann ziehen Sie die Mitte der linken Kante (*) zur Mitte (•).

6 Legen Sie die obere Spitze nach links, so daß das fertige Windrad entsteht.

Mein Tip

Das *Windrad* eignet sich ausgezeichnet als Unterlage für Teller, Schalen oder Kerzenleuchter.

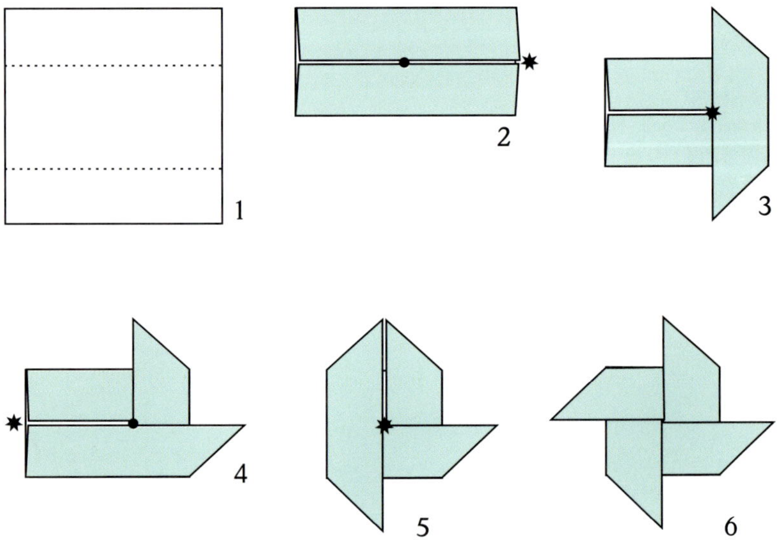

Taube

Eine Figur für alle, die einfache, grafische Formen lieben: Die *Taube* läßt Farbe und Muster der Serviette wirken.

1 Breiten Sie die Serviette aus. Die unbedruckte Seite liegt oben, eine Ecke weist zu Ihnen.

2 Falten Sie die obere Hälfte diagonal nach unten.

3 Falten sie die beiden oberen Ecken des so entstandenen Dreiecks zur unteren Ecke.

4 Die untere Hälfte des jetzt sichtbaren Quadrates falten Sie nach hinten.

5 Schließlich legen Sie das Dreieck in der senkrechten Mitte zusammen und stellen die Figur auf. Die Spitze, die bei 4 oben war (*), kommt jetzt nach unten.

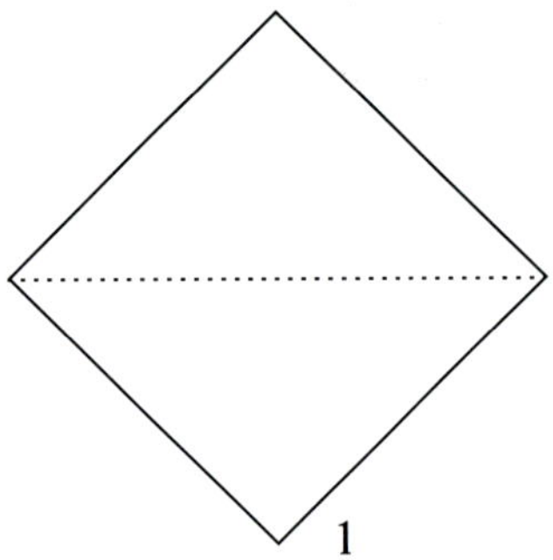

1

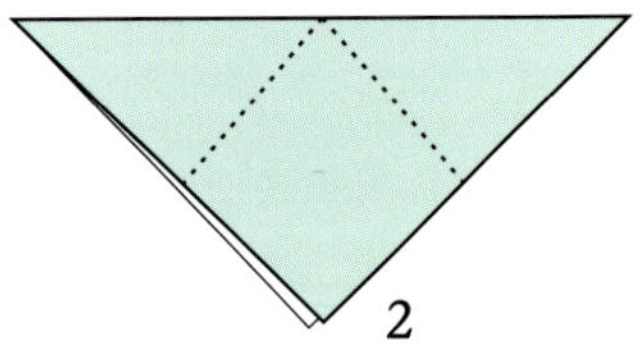

2

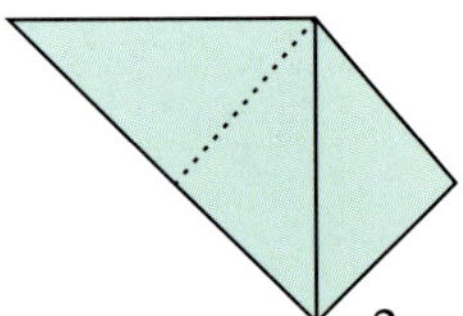

3

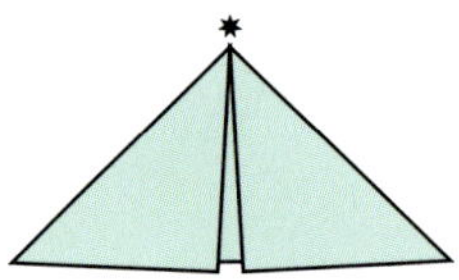

4

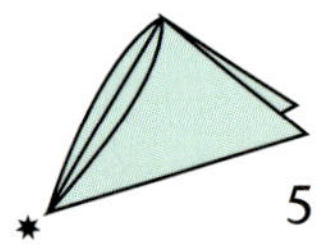

5

Turmspitze

Turmspitze und *Torbogen* (Seite 86/87) sind sozusagen Geschwister: Beide werden auf dieselbe Art gefaltet und nur beim letzten Arbeitsschritt unterschiedlich zusammengesteckt.

1 Breiten Sie die Serviette aus. Die unbedruckte Seite liegt oben. Eine Ecke weist zu Ihnen.

2 Falten Sie die untere Hälfte diagonal nach oben. Ein Dreieck entsteht.

3 Dann falten Sie die rechte und linke Ecke des Dreiecks auf die obere Ecke. Es zeigt sich ein Quadrat.

4 Klappen Sie die untere Hälfte des Quadrates nach hinten. Sie erhalten wieder ein Dreieck.

5 Stecken Sie die rechte und die linke Ecke des Dreiecks hinten zusammen.

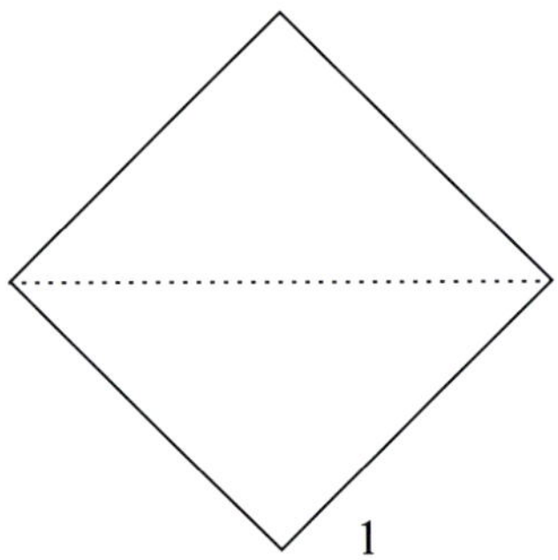
1

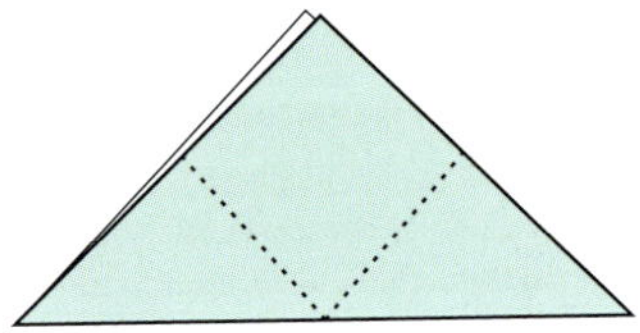
2

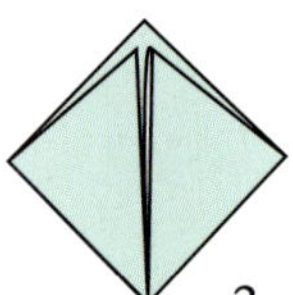
3

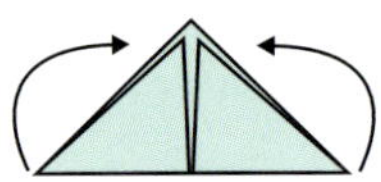
4

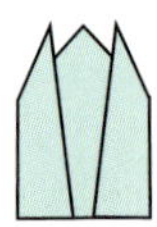
5

Torbogen

Mit etwas Glück finden Sie Papierservietten, bei denen im *Torbogen* überraschend eine Kontrastfarbe oder ein Motiv erscheint.

1 Breiten Sie die Serviette aus. Die unbedruckte Seite liegt oben. Eine Ecke weist zu Ihnen.

2 Falten Sie die untere Hälfte diagonal nach oben. Ein Dreieck entsteht.

3 Dann falten Sie die rechte und linke Ecke des Dreiecks auf die obere Ecke. Es zeigt sich ein Quadrat.

4 Klappen Sie die untere Hälfte des Quadrates nach hinten. Sie erhalten wieder ein Dreieck.

5 Drehen Sie die Serviette um. Dann stecken Sie die rechte und die linke Ecke hinten zusammen und formen den Bogen aus.

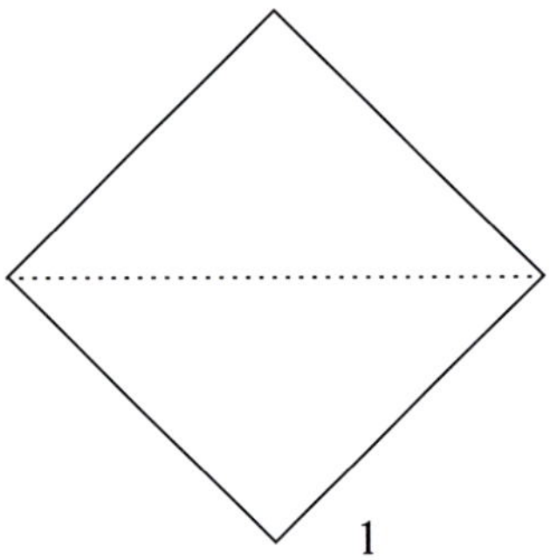

1

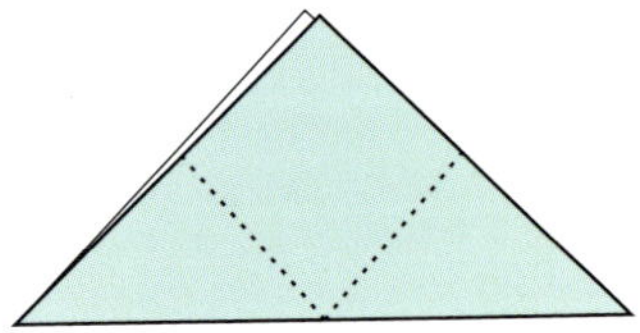

2

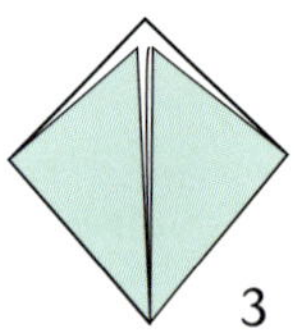

3

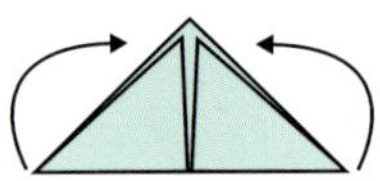

4

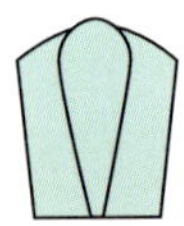

5

Tafelspitz

Der *Tafelspitz* ist eine der „schnellsten“ Faltfiguren überhaupt – und eine der wenigen, bei denen ein Motiv wie Hahn und Henne auf unserer Serviette sichtbar bleibt.

1 Breiten Sie die Serviette aus. Die unbedruckte Seite liegt oben.

2 Falten Sie die obere Hälfte nach unten.

3 Legen Sie die linke und die rechte obere Ecke zur unteren Mitte.

4 Dann klappen Sie die Serviette zur Hälfte zusammen und stellen sie auf.

Mein Tip

Zu manchen klassischen Porzellanserien gibt es passende Papierservietten, etwa zum beliebten Service „Hahn und Henne“ oder zur traditionellen Gmundener Keramik aus Österreich (siehe Seite 30/31).

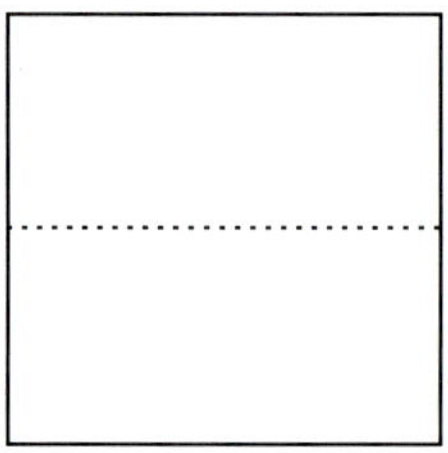
1

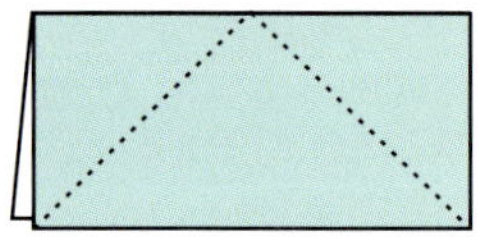
2

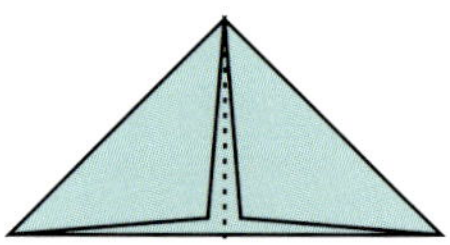
3

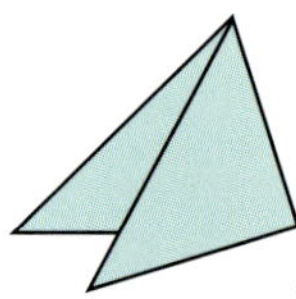
4

Kardinalshut

Eine Serviette mit den weißen „Stars“ auf blauem Grund, die andere mit den rot-weißen „Stripes“: So könnten Sie den Tisch für einen amerikanischen Abend originell dekorieren.

1 Breiten Sie die Serviette aus. Die unbedruckte Seite liegt oben.

2 Falten Sie das obere Drittel nach unten.

3 Nun falten Sie die rechte und linke Hälfte der Oberkante jeweils genau auf die senkrechte Mittellinie.

4 Klappen sie den unteren Streifen nach oben.

5 Schließlich stecken Sie das rechte und das linke Ende des unteren Streifens hinten zusammen.

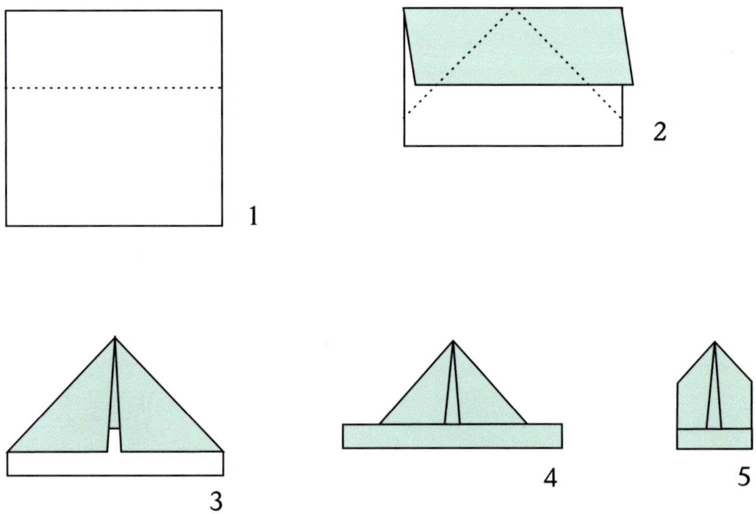

Coke

Mütze

Die *Mütze* ist so schnell gefaltet, daß Sie damit noch fertig werden, wenn Ihre Gäste bereits vor der Tür stehen.

1 Verwenden Sie die Serviette vierlagig gefaltet, wie sie aus der Packung kommt. Die offene Ecke weist zu Ihnen.

2 Falten Sie die untere Hälfte an der diagonalen Mittellinie nach oben.

3 Stecken Sie die rechte und die linke Ecke hinten zusammen.

Mein Tip

Bei manchen Serviettenmustern sieht es hübsch aus, wenn Sie nach Schritt 2 die Spitze der beiden oberen Lagen nach unten klappen. Verzichten Sie darauf aber vor allem bei „wilden" Mustern.

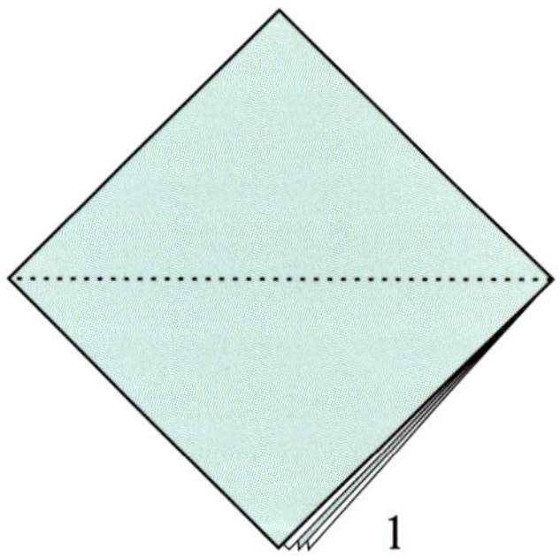

1

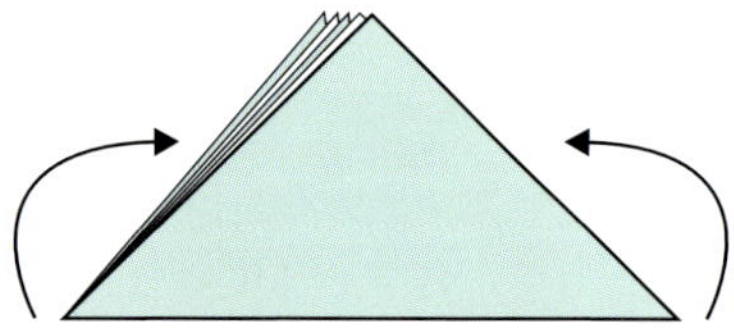

2

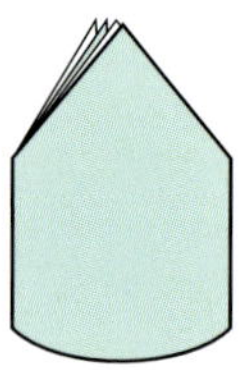

3

Seidenfalter

Eine exquisite Idee für eine nachmittägliche Teestunde: Aus einer runden Serviette aus Japanseide entsteht mit Hilfe der Kuchengabel ein zarter Falter.

1 Breiten Sie die Serviette aus. Die unbedruckte Seite liegt oben.

2 Falten Sie die untere Hälfte nach oben.

3 Dann legen Sie die Serviette von der Unterkante her zieharmonikaartig in Falten und stecken sie zwischen die Zinken einer Kuchengabel. Schließlich fächern Sie die beiden „Flügel" dekorativ auf.

Mein Tip

Ein interessanter grafischer Effekt entsteht bei der abgebildeten, weiß-blau gemusterten Serviette. Der Seidenfalter wird Ihre Gäste aber auch begeistern, wenn Sie ihn aus einer einfarbigen oder üppiger gemusterten Serviette falten.

1

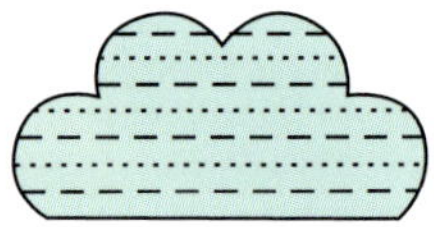

2

3

Die Deutsche Bibliothek – CIP-Einheitsaufnahme

Papierservietten falten : 40 pfiffige Ideen für jeden Anlaß / Ellen Reinek. – Augsburg : Midena, 1998
ISBN 3-310-00538-0

Midena Verlag Augsburg

Layout: Undercover, Schwabmünchen, nach einer Vorlage des Hampp Verlags, Stuttgart
Umschlaggestaltung: Felix Weinold, Schwabmünchen, unter Verwendung eines Fotos von Klaus Lipa
Fotos: Klaus Lipa, Augsburg
Zeichnungen: Undercover, Schwabmünchen
Satz: Undercover, Schwabmünchen
Lithos: Kaltner Media GmbH, Bobingen
Druck und Bindung: Franz Spiegel Buch GmbH, Ulm

Gedruckt auf umweltfreundlich elementar chlorfrei gebleichtem Papier

ISBN 3-310-00538-0

Printed in Germany